> Wenn ein gewisses (a[ ]) Maß an Zerstörung [ ]versibel geworden ist, dann droht die Vorstellung vom »Reich der Freiheit« ihren Sinn zu verlieren.
>
> Hans Magnus Enzensberger: Zur Kritik der politischen Ökologie (Kursbuch 33, Oktober 1973)

»Man könnte sagen, da kommt etwas zu sich«, schreibt Kathrin Röggla in ihrem Beitrag *Im Prognosefieber. Was Literatur in diesen Zeiten leisten kann – und muss.* Diese Zeiten, das waren die ersten Wochen der Pandemie. Das »Reich der Freiheit«, ganz konventionell gedacht, nicht dialektisch wie Hans Magnus Enzensberger vor annähernd fünfzig Jahren, wurde abgelöst von Lockdown und Social Distancing. Dies dokumentieren in Ansätzen die hier vorliegenden Beiträge. Über das Anthropozän sollte die *allmende* ursprünglich handeln, denn offenkundig ist das globale Gleichgewicht seit Jahrzehnten am Wanken: die manifeste Klimaveränderung, das Waldsterben, steigende Temperaturen der Weltmeere, Mikroplastik, Massentierhaltung, Artenschwund und Versteppung – Stichworte genug, um danach zu fragen, wie und ob die Literatur auf die globale Krise reagiert. Dies auch mit Blick auf die jugendliche Revolte gegen die herrschende Klimapolitik, die deutlich gemacht hat, dass sich eine »Ernüchterung ... hinsichtlich der Verheißungen der spätmodernen Gesellschaft verbreitet hat«, wie Andreas Reckwitz konstatiert. Durch Corona müssen die gesellschaftlichen Prioritäten neu gedacht werden. »Heute beeinflusst jeder einzelne von uns das Wetter, durch Fleischkonsum, Flugreisen«, schreibt Marion Poschmann und spricht von einem »Pathos der Verantwortung«. Dazu gehört auch »eine veränderte Mensch-Tier-Ethik, die uns Menschen nicht über den Tieren stehen lässt«, wie Helmuth Trischler fordert. In der Literatur finden sich viele Beispiele, und mit dem *Nature Writing* hat sich dafür eine eigene Schreibhaltung entwickelt. In vielerlei Hinsicht wird es zu einem Paradigmenwechsel kommen, fraglich jedoch ist, ob dieser von Dauer sein wird. Die ökonomische Macht hat bisher absorbiert, was im Sinne der ökologischen Notwendigkeiten zur Lebenspraxis hätte werden müssen. Von daher wird jetzt digital vieles beschleunigt, was zumindest in Europa als nicht durchsetzbar erschien. In Opposition dazu werden die Künste die »Frage der Verletzlichkeit« von Mensch, Tier und Natur noch intensiver aufscheinen lassen. Peter Weibel konstatiert in seinem Beitrag *Virus, Viralität, Virtualität*, dass eine »neue Zeit begonnen« habe: »In dieser Zeit haben wir die Chance für grundlegende Reformen unserer wirtschaftlichen, sozialen und kulturellen Systeme. Was bisher unmöglich schien, ist nun unvermeidlich. Unsere Welt wird eine andere sein.« Hoffen wir, dass das »Reich der Freiheit« dabei mehr bleibt als lediglich noch eine Ahnung.

Hansgeorg Schmidt-Bergmann   Matthias Walz

allmende Nr. 105
Juli 2020 · 40. Jahr

Redaktion
Hansgeorg Schmidt-Bergmann
und Matthias Walz

Herausgegeben von Hansgeorg Schmidt-Bergmann
im Auftrag der Literarischen Gesellschaft, Karlsruhe

Literarische Gesellschaft
PrinzMaxPalais · Karlstr. 10
76133 Karlsruhe
Telefon: +49 (0) 721 133-4087
info@literaturmuseum.de
www.literaturmuseum.de

Verlag
mdv Mitteldeutscher Verlag GmbH
Am Steintor 23
06112 Halle (Saale)

Telefon: +49 (0) 345 233 22-0
Telefax: +49 (0) 345 233 22-66
info@mitteldeutscherverlag.de
www.mitteldeutscherverlag.de

Gesamtherstellung
mdv Mitteldeutscher Verlag GmbH

Bezug & Abo
mdv Mitteldeutscher Verlag GmbH
Telefon: +49 (0) 345 233 22-0
Telefax: +49 (0) 345 233 22-66

Eine Kündigung ist innerhalb eines Vierteljahres
nach Lieferung des letzten Heftes möglich.

Preise
Einzelbezug 12,00 € / 12,40 € (A) / 16,80 sFr
Abobezug 10,50 € / 10,80 € (A) / 14,70 sFr

allmende erscheint 2 × jährlich

Die Zeitschrift und alle in ihr enthaltenen Beiträge
und Abbildungen sind urheberrechtlich geschützt.
Jede Verwertung außerhalb der engen Grenzen des
Urheberrechtsgesetzes bedarf der Zustimmung des
Verlages.

Für unaufgefordert eingesandte Manuskripte
übernehmen wir keine Gewähr.

ISSN 0720-3098
Einzelbezug: ISBN 978-3-96311-419-9
Abobezug: ISBN 978-3-96311-420-5

U1	Foto Beck – picture alliance / imageBROKER
1	Hansgeorg Schmidt-Bergmann: Bettina Schulte
	Matthias Walz: MLO
5	»Bitte Abstand halten«: Kathrin Röggla
7	Kathrin Röggla: Karsten Thielker
10	picture alliance / Jochen Eckel
12	Andreas Reckwitz: Jürgen Bauer
13	»Pilze«: Yoko Tawada
15	»Fische«: Yoko Tawada
15	Yoko Tawada: privat
17	»Klimawandel«: Marion Poschmann
17	Marion Poschmann: Frank Mädler
19	Bonin-Erddrossel (unten), Senckenberg Naturmuseum Frankfurt am Main: Mikael Vogel 2017. Wir danken dem Senckenberg Naturmuseum für die freundliche Abdruckgenehmigung.
21	Braunkopf-Laufsittich, Naturhistorisches Museum Wien: Mikael Vogel 2019. Wir danken dem Naturhistorischen Museum Wien für die freundliche Abdruckgenehmigung.
26	Mikael Vogel: Sandra Fischer
27	»Insekten«: Monika Rinck
28	»Wolken weinen«: Monika Rinck
29	»Komplette Verwirrung«: Monika Rinck
29	Monika Rinck: Ute Rinck
33	»Nordural«: Daniela Danz
37	»Bundestag«: Daniela Danz
	Daniela Danz: Mueckfotografie
39	»Sintflut«: Paul Kälberer, Radierung, 1930
43	Walle Sayer: Josef Kienzle
44	Großer Goldkäfer: yxowert – shutterstock.de
45 ff.	Auwald, April 2019: Ulrike Draesner
49	Ulrike Draesner: Alem Klobus
51	»Überschwemmung«: Björn Kern
53	Björn Kern: Suskia
54	Collage: Kerstin Backes
55	Carolin Callies: Thommy Mardo
59	Joshua Groß: privat
61	»Vögel«: Nico Bleutge
	Nico Bleutge: Gerald Zörner
63	Plakat zur Ausstellung »Willkommen im Anthropozän! Unsere Verantwortung für die Zukunft der Erde«: Deutsches Museum, München, Archiv, CD_73239
65	Helmuth Trischler: Deutsches Museum, München
66	Katerina Ignatovich – shutterstock.de
76	Peter Weibel: ZKM	Zentrum für Kunst und Medien Karlsruhe, Foto: ARTIS – Uli Deck
90	Christoph Ransmayr (2012): Magdalena Weyrer
	Dietmar Dath: Jörg Steinmetz
91	Cemile Sahin: Paul Niedermayer
	Jackie Thomae: Urban Zintel
	Nora Bossong: Heike Steinweg/Suhrkamp Verlag
92	Jochen Schimmang: Eric Wolfe
	Levin Westermann: Bettina Wohlfender
	Clemens J. Setz: Max Zerrahn/Suhrkamp Verlag

Dank für die großzügige Unterstützung
an Prof. Dr. Matthias Siegmann,
Rechtsanwalt beim Bundesgerichtshof

| 1 | Editorial |
| 2 | Impressum |

DIE WELT NEU DENKEN – VOM ANTHROPOZÄN ZUM NOVOZÄN?

4	**Kathrin Röggla**	Im Prognosefieber
8	**Andreas Reckwitz**	5 Fragen – 5 Antworten
13	**Yoko Tawada**	Ein Mädchen und ich | Familienalbum
16	**Marion Poschmann**	Anthropozän
18	**Mikael Vogel**	Die Bonin-Erddrossel | An einen Braunkopf-Laufsittich im ewigen Rückenflug des Ausgestopftseins, Wien | Großes Nichtspalimpsest von der Iwo-Jima-Weißbrauenralle | Der Japanische Riesensalamander | Die gesitteten Löwen Roms | Das Tieropfer durfte nicht gezwungen werden seinen Nacken darzubieten, sonst drängte sein Geist auf Rache
27	**Monika Rinck**	Die fünfte und letzte Tugend der Chinesischen Kampfgrille
30	**Daniela Danz**	Komm Wildnis in unsere Häuser | Du bist ans Ende der Welt gereist | Wildnis der Rede
38	**Walle Sayer**	Flutmarke | Zeitungsphoto von der Hauptübung | Einen Feuerlöscher photographieren | Wortklauberei | Mundschutz
44	**Ulrike Draesner**	Exit Großer Goldkäfer
50	**Björn Kern**	Kein Vater, kein Land
54	**Carolin Callies**	ich wünschte, aber ohne wetter | schwimm, bohrinsel, schwimm
56	**Joshua Groß**	Bardo-Stroboskop
60	**Nico Bleutge**	Gedichte
62	**Helmuth Trischler**	5 Fragen – 5 Antworten
67	**Peter Weibel**	Virus, Viralität, Virtualität. Oder: das Corona-Virus, der Leviathan der Nahgesellschaft

| 77 | Rezensionen |
| 90 | Kurzform |

ESSAY

KATHRIN RÖGGLA

Im Prognosefieber

Was Literatur in diesen Zeiten leisten kann – und muss

Keine Sorge, ich werde diesen Zustand nicht zu beschreiben versuchen. Zu schnell bewegt sich alles, zu wenig aussagekräftig erscheinen die einzelnen Phänomene zu sein, mit denen wir uns herumschlagen. Morgen werden sie schon abgelöst durch neue Nachrichten. Eben lebten wir noch in der Zeit der Verabschiedung, der Absagekultur, der Verschiebung aller Termine und der Vertröstung auf irgendeinen Mai, schon üben wir *social distancing* und richten uns im Zustand der Vorbereitung ein, auf die Krise, auf den Versorgungsengpass, der gleichzeitig dementiert wird.

Gewisse Einkäufe sind getätigt, der Bau von Krankenhäusern wird nun in die Wege geleitet, von Umfunktionierung von Hotels und Messehallen wird gesprochen. Zuerst wurde das öffentliche Leben stillgestellt, das Sozialleben eingefroren, und nun bewegen wir uns in einer Phase, in der Unterstützungsleistungen eingeteilt werden. Die Zeit des medizinischen Personals und des Versorgungswesens ist längst angebrochen. Virologen werden noch eine ganze Weile neben Politikern abgebildet werden, und Angela Merkel wird in diesen Bildern nicht ohne Grund eine der wenigen öffentlichen Frauen (neben Christine Lagarde und Ursula von der Leyen) darstellen, es ist die Zeit althergebrachter Bildpolitik.

Nein, ich werde nicht viel beschreiben, das wird ohnehin andauernd gemacht, in den Livetickern und Blogs, also in einem Modus, wie um sich zu vergewissern, dass man nicht träumt, journalistische Formen, die eher dazu dienen, sich zu zwicken, dass man da ist, als Klarheit über eine Situation zu gewinnen. Nach den Beschreibungen und Faktenvermittlungen kommen gleich die Prognosen. Und da kann man eigentlich nur falsch liegen. Schließlich nimmt alles, Börsenstürze, Restriktionen, das Aussehen eines Systemwechsels an, der vonstatten geht, »nichts wird mehr sein wie zuvor« ist ein Satz, den ich mittlerweile so oft gehört habe, dass ich ihn immer noch nicht glauben kann.

Denn es erscheint mir eher so, als würde sich diese uns wohlbekannte Gesellschaft nur noch mehr zuspitzen. Während immer neue Nachrichten hereinbrechen in immer engmaschigerem Takt, deren Hyperaktualität seltsamerweise noch nicht einmal enervierend wirkt, verhält es sich doch oft so, als würde ich das immer Gleiche lesen. Manchmal lese ich auch tatsächlich die gleichen Informationen zehn Mal, wie ein Gebet, zum Beispiel das Gebet über das

ESSAY

Virus, das Gebet über die notwendigen Maßnahmen, das Gebet über den sozialen Zusammenhalt, uneins, ob ich mich nicht besser Virilios Dromologie oder Susan Sontags »Krankheit als Metapher« zuwenden oder gar an die »Gesellschaft des Spektakels« denken soll. Alles alte Bücher, wenn auch nicht so alt wie *Die Pest* von Camus oder *Die Brautleute* von Manzoni.

Samuel Pepys Tagebuch aus der Londoner Pestzeit des frühen siebzehnten Jahrhunderts, immerhin das erste bürgerliche europäische, wäre noch zu nennen, sein Dilemma – Bewache ich mein Gold in der Stadt oder fahre ich aufs gesunde Land zur Ehefrau? – erscheint verblüffend aktuell. Vielleicht herrscht wirklich die Zeit der Wiederentdeckung des ganz Alten, in der gleichzeitig meine Texte zur Situation von gestern so alt aussehen wie noch nie. Zynisch wird das, was eben noch eine Geste der Abwägung war. Besonnen zu handeln kann danebenliegen. Da ist etwas durcheinandergekommen, aber irgendwie dreht sich ohnehin alles um Geschwindigkeit. Wie schnell ist man zum Handeln entschlossen, wie lange braucht man, um zu kapieren, dass man jetzt handeln muss? Wie viel Langsamkeit bringen wir zustande, wie viel Verlangsamung, und wie weit blicken wir nach vorne? Die Prognose hat nun endgültig von uns Besitz ergriffen.

Das hat sich schon lange, jenseits medizinischer Versorgungslagen, entwickelt. Wir sind ein Kollektiv, das man zwar nicht Krankengemeinschaft nennen sollte, noch nicht, vielleicht eher Hochrisikogebietszusammenschluss, zu dem wir uns gemausert haben. Vielleicht spüren wir zum ersten Mal seit langem so deutlich den Begriff des Kollektivs, dass man, in gutem Abstand (zwei Meter?) an Thomas Hobbes vorbei zu Foucaults Verständnis von Biopolitik gehen sollte, um zu verstehen, dass das Kollektiv unter dem Zeichen der Krankheit steht, der Vorsorge, und dass das absolut zeitgemäß ist, auch jenseits der Situation mit dem Covid-19-Virus.

Man könnte sagen, da kommt etwas zu sich, zumindest der Teil, der schon lange die Prognose kultiviert hat, die Kontrolle, das Denken in Massen in der Auflösung des Individualbegriffs. Das Agieren einer Diktatur wie in China scheint uns mehr denn je als Avantgarde der neuen Situation, unter der wir uns insgeheim erst jene Zeiten der heftigen Klimawandelfolgen vorgestellt haben, wissend, dass unsere offene, demokratische Gesellschaftsform, basierend auf Individualismus, Wachstum und radikalem Kapitalismus, es schwer haben wird, ressourcenschonend und ökologisch zu werden. Das ist die Herausforderung, denn die offene Gesellschaft aufzugeben, wäre fatal.

Inmitten von Krankheitsstatistiken, Kurven, Fallzahlen nimmt die Prognose heute eine der Fiktion unverdächtige Form an, sie erscheint realistischer denn je. Nichts könnte ferner liegen, als ihr jene Hysterie zu unterstellen, die wir an den Börsen vorfinden, im Gegenteil, selbst diese kann noch gut in den Rationalisierungsmaschinen der Prognostik untergebracht werden. Wir wissen allerdings auch, dass Szenarien zu erstellen eine der Fiktion innewohnende Praxis ist, wir bewegen uns mit ihr ins Herz der Literatur. Autorinnen wie Ann Cotten kommen überhaupt erst durch das Zukunftsszenario zur Fiktion, wie ihr Roman *Lyophilia* nahelegt. Dietmar Dath mit seiner *Niegeschichte* geht das über die Science Fiction kommend etwas anders an, und auch in meiner eigenen Arbeit liegt dem Ausmalen der Zukunft die entscheidende fiktive Kraft zugrunde. Die Dehnung der Zeiten sowie ihre Überlagerung ist eine literarische Aktion, und gleichzeitig wird die prognostische Kraft von ihr in ihrem Realismusanspruch vom fiktiven Charakter des Textes eingehegt.

Wohl aber ist sie nicht spekulativ. Sie will gar nicht auf die Tatsächlichkeit hinaus, und insofern kann die Literatur auch nicht von der Realität überholt werden, wie man jetzt immer lesen kann. Sich aber faktisch auszumalen, wo wir uns in einem Jahr befinden werden, ist ausgehend von unserer gegenwärtigen Situation sehr schwer möglich. Zu wissen, dass die plötzlich offen gewordene Zukunft (alles wird anders) eine massive Einschränkung beinhaltet, allein durch den wirtschaftlichen Einbruch, sie psychologisch gesehen enger wird, voller Beschränkungen, bremst den Blick nach vorne.

Für die Literatur heißt es, dass die klassischen poetologischen Kriterien wie zum Beispiel die der Wahrscheinlichkeit und Notwendigkeit durcheinandergebracht werden. Das, was der Schriftsteller Amitav Gosh in *Die große Verblendung*, seiner poetologischen Auseinandersetzung mit den Klimakatastrophen, geschrieben hat, dass der bürgerliche Roman letztlich von einem sogenannten Normalzustand ausgeht und mit der ständigen Abweichung als grundlegendem Rahmen nicht zurechtkommt und wir deswegen in Schwierigkeiten geraten zu sehen, was vor sich geht, tritt hier ein. Es ist eine große Herausforderung, auch für die Literatur.

Ist deren Langsamkeit dem Geschehen überhaupt gewachsen? Klar ist, alleine mit diesen Zeilen melde ich mich bereits aus der Vergangenheit. Alles, was ich jetzt schreibe, ist eigentlich schon veraltet. Ich kann nicht Schritt halten, der Diskurs bewegt sich in rasender Geschwindigkeit vorwärts, die Situation kann sich jederzeit ändern. Was heute dementiert wird, ist morgen Realität. Zudem stellt sich die Frage, welche Fiktion derzeit auszuhalten wäre? Es sieht so aus, als bräche die Zeit der neuen Beruhigungsliteratur an, blickt man auf die viral gewordenen Erklärvideos im Netz. Auch die noch nicht geschriebenen Sätze einer neuen Trostliteratur oder von moralischen Erbauungstexten beginnen schon in manchen literarischen Fingern zu jucken.

Schließlich kündigt sich das in den unterschiedlichen Blogs, Newsrooms, Leitartikeln bereits an. Es wird an einem neuen moralischen Setting gearbeitet, etwas, das in seiner Mischung aus Hilflosigkeit und willkürlicher Festigkeit hin und her schlingert und die neuen Härten bannen will. *Social distancing* als neue Herzenswärme zu verkaufen ist eine Herausforderung, der im Moment nur Angela Merkel gewachsen scheint, gleichzeitig zeigt sich eine erstaunliche nachbarschaftliche Menschenwärme in der Not – aber noch ist die Situation vergleichsweise ruhig. Sich literarisch Mut zu machen – wird das die neue Herausforderung sein? Welche Form von Komik und Witz wird dabei noch Erleichterung schaffen können? Im Moment sieht es so aus, als träfe niemand mit Schärfe den Ton, vielleicht geht das auch gar nicht. Entweder zu harmlos oder absolut zynisch erscheint jede Comedy.

Eigentlich wären Texte ja hilfreich, die versuchen, die Lage zu erkennen, und insofern sich doch der konkreten Beschreibung des Alltags zuwenden, aber eben einer, die nicht auf etwas hinaus will, der Matrix eines Alarmismus genauso wenig wie dem Programm einer Weltrettung folgend, einer der gemischten Realitäten, die dem Nebeneinanderher von neuer Logik, alten Problemen, unerwarteten Auswirkungen der Situation gerecht wird. Es wird darum gehen, dabei weder den gegenwärtigen Augenblick zu verabsolutieren noch der allzu spekulativen Bewegung zu folgen, und sich auf die Situation nach der Corona-Zeit zu beziehen. Es wird ein Arbeiten mit verschiedenen Zeitmodi sein müssen, die Zeitebenen müssen wieder in Kontakt miteinander kommen, und so wird sich Literatur in dieser Situation mehr denn je als Zeitkunst erweisen müssen.

© *Kathrin Röggla, Erstveröffentlichung des Textes in der Frankfurter Allgemeinen Zeitung vom 21. März 2020*

KATHRIN RÖGGLA, geboren 1971 in Salzburg, studierte Germanistik und Publizistik in Salzburg und Berlin, wo sie heute lebt. Sie arbeitet als Prosa- und Theaterautorin und entwickelt Radiostücke. Für ihre Bücher erhielt sie zahlreiche Preise, darunter den Anton-Wildgans-Preis (2008) und den Arthur-Schnitzler-Preis (2012). Ihr Roman *wir schlafen nicht* (2004) wurde im gleichen Jahr mit dem Preis der SWR-Bestenliste und dem Bruno-Kreisky-Preis ausgezeichnet. Sie veröffentlichte unter anderem die Prosabücher *Niemand lacht rückwärts* (1995), *really ground zero* (2001) und *die alarmbereiten* (2010), das mit dem Franz-Hessel-Preis (2010) geehrt wurde, sowie gesammelte Essays und Theaterstücke unter dem Titel *besser wäre: keine* (2013). Zuletzt erschien *Nachtsendung. Unheimliche Geschichten* (2016).

www.kathrin-roeggla.de

INTERVIEW

ANDREAS RECKWITZ

5 Fragen – 5 Antworten

allmende:
Ihr 2019 erschienener Essay-Band trägt den Titel *Das Ende der Illusionen*, fast prophetisch angesichts der Corona-Pandämie. Müssen wir Gesellschaft neu denken? Leben wir im Übergang vom Anthropozän zu einem noch unbestimmten Novozän?

Andreas Reckwitz:
Der Titel *Das Ende der Illusionen* bezieht sich auf die Ernüchterung, die sich seit etwa 2010 in der westlichen Öffentlichkeit hinsichtlich der Verheißungen der spätmodernen Gesellschaft verbreitet hat. Mit dem Begriff der Spätmoderne meine ich eine Gesellschaftsformation, die seit den 1970er, vor allem aber seit den 1990er Jahren die industrielle Moderne abgelöst hat. Das ist eine postindustrielle, digitalisierte und liberalisierte, von Globalisierungsprozessen durchzogene Gesellschaft. In den 1990er und 2000er Jahren dominierte der Fortschrittsoptimismus: die Welt schien sich für alle ins Positive zu entwickeln. Die Spätmoderne hat nun einerseits sicherlich Autonomie-, Mobilitäts-, Emanzipations- und Befriedigungsgewinne hervorgebracht. Andererseits ist immer deutlicher geworden, dass sie auch entfesselte Märkte, verstärkte soziale Ungleichheiten, kulturelle Desintegration, Überforderungssymptome, geschwächte öffentliche Institutionen und nicht zuletzt auch ökologische Gefährdungen wie den Klimawandel produziert hat. Es gibt Gewinner und Verlierer, Fortschritte und Risiken zugleich. Vor diesem Hintergrund ist auch die Politik eines Dynamisierungsliberalismus, der auf eine noch stärkere Entgrenzung gesetzt hat und eine Zeitlang alternativlos erschien, in den letzten Jahren in heftige Kritik geraten.

Die Corona-Krise lässt sich in diesen Zusammenhang einordnen: Man sieht, dass der Dynamisierungsliberalismus mit seiner Vorstellung eines Wettbewerbsstaates an seine Grenzen stößt. Was nun nötig erscheint, ist eine effiziente staatliche Infrastruktur, im Gesundheitswesen, in der Katastrophenprävention, im Katastrophenschutz. Wenn man aus der Krise und den Debatten der letzten Jahre lernt, wäre also ein politischer Paradigmenwechsel nötig: in Richtung eines resilienten Infrastrukturstaates, also ein Staat, der öffentliche Güter zur Verfügung stellt und präventiv vor Risiken schützt. Dem läge ein neues Bild der Aufgaben des Staates zugrunde: die Vorstellung der Verletzlichkeit des Sozialen und der Verletzlichkeit der Individuen, die es zu schützen gilt. Eine Politik, die also nicht noch weiter dynamisiert, sondern eher begrenzt und einbettet.

Ich möchte aber betonen: Ein solcher politischer Paradigmenwechsel wäre kein totaler gesellschaftlicher Epochenbruch. Mit den dramatischen Narrativen, die nun schon wieder eine neue Epoche ausrufen – etwa auch bei James Lovelock mit seiner Unterscheidung von Anthropozän und Novozän –, kann ich wenig anfangen. Aus meiner Sicht haben wir die Folgen des spätmodernen Epochenbruchs der letzten Jahrzehnte, in dem wir uns weiterhin befinden, die Globalisierung, die Digitalisierung, die Postindustrialisierung, die Liberalisierung, noch gar nicht wirklich verarbeitet. Eine Redefinition von Staatlichkeit wäre ein wichtiges Element dieser kritischen Verarbeitung.

allmende:

Ist mit dem Ende der Illusionen auch ein Ende der Gesellschaft der Singularitäten verbunden? Wird die Gesellschaft wieder solidarischer?

Andreas Reckwitz:

Die Spätmoderne nimmt in vieler Hinsicht die Form einer »Gesellschaft der Singularitäten« an. Kennzeichnend ist hier eine bestimmte Struktur zwischen den Maßstäben des Allgemeinen und des Besonderen. Beides hat die Moderne von Anfang an, seit dem 18. Jahrhundert umgetrieben: Einerseits hat die Moderne radikal eine soziale Logik des Allgemeinen stark gemacht – von der Standardisierung der Industrieproduktion bis zu den Menschenrechten –, anderseits hat sie ebenso radikal eine Singularisierung betrieben: das Ideal des einzigartigen Individuums, der besonderen Gemeinschaft etc. Lange Zeit waren das konkurrierende Maßstäbe und die Kultur des Singulären eher eine Gegenkultur. Seit den 1970er, vor allem den 1990er Jahren findet jedoch eine Rekonfiguration statt Das Allgemeine und das Besondere geraten in ein Verhältnis der Komplementarität – auf der einen Seite wirkt die Singularisierung in einer Weise strukturbildend wie nie zuvor, und zwar gefördert sowohl durch kulturelle Liberalisierungsprozesse als auch durch den postindustriellen Kapitalismus und die Digitalisierung. Singulär zu sein, wird zu einem gesellschaftlichen Leitwert. Anderseits liefern die Systeme des Allgemeinen nun eine Art ermöglichende Hintergrundstruktur, eine Infrastruktur für das System der Singularitäten: die Systeme des Allgemeinen sind nötig, aber häufig unsichtbar – von den Algorithmen bis zur Energieversorgung.

Ich hatte nun am Ende meines Buches eine »Krise des Allgemeinen« diagnostiziert. Die Spätmoderne hat so stark auf Singularisierung gesetzt, dass die Systeme des Allgemeinen geschwächt werden. In der Corona-Krise wird jedoch fast lehrbuchhaft deutlich, wie sehr Gesellschaften von einer solchen funktionsfähigen Infrastruktur für alle abhängen, von einem öffentlichen Gesundheitswesen, von einem Katastrophenschutz, aber auch etwa von den sogenannten einfachen Dienstleistungen der service class, die für manche jetzt schlagartig sichtbar werden. Wie gesagt: Es ist gut möglich und auch wünschenswert, dass die Politik künftig die Sicherung der Infrastruktur stärker ins Visier nimmt, auch das gesellschaftlich ein starkes Gefühl der gegenseitigen Abhängigkeit einsetzt, das zum Beispiel die Service-Berufe aufgewertet werden, man insofern also ›solidarischer‹ werden könnte.

Man muss sich aber klar machen, dass das Verhältnis zwischen der Logik des Allgemeinen und des Besonderen in der Spätmoderne kein Nullsummenspiel, sondern potentiell ein Steigerungszusammenhang ist. Das heißt: nur wenn die Systeme des Allgemeinen im Hintergrund robust funk-

INTERVIEW

tionieren und gelten, können auch Singularitäten florieren. Oder ganz praktisch: nur wenn die Grundfunktionen von Gesundheitsversorgung, Wohnen, Sicherheit, Schutz vor Diskriminierung etc. vorliegen, ist die persönliche Entfaltung von Individuen möglich. Insofern würde ein resilienter Infrastrukturstaat gerade *mehr* Singularisierung ermöglichen.

allmende:
Medientheoretiker wie Peter Weibel diagnotizieren einem endgültigen Wechsel zum Digitalen in allen Lebensbereichen und eine Gesellschaft der verordneten Distanz. Wird das so kommen?

Andreas Reckwitz:
In jedem Fall ist die Corona-Krise dabei, der Digitalisierung, welche die Spätmoderne seit den 1990er Jahren prägt, einen weiteren Schub zu geben, ob in der Arbeits- und Konsumwelt, in der Bildung oder der persönlichen Kommunikation. Ich wäre allerdings vorsichtig, ob das wirklich ein unilinearer Prozess ist. Meine Vermutung ist, dass künftig noch stärker dort digitale Instrumente eingesetzt werden, wo eine zweckrationale Logik herrscht, während für die Erlebnisse und Erfahrungen, die dichten Interaktionen, die kulturellen Formate – also alles, wo Singularität, Wert und Affektivität führend sind – man (so weit es geht) auf Präsenz und Analoges setzt. Zum Beispiel: eine einfache Arbeitsbesprechung kann man gut digital durch eine Videokonferenz ersetzen, das geht schneller und ist billiger; für eine intensive kreative Arbeit im Team oder eine intensive Seminardiskussion erscheint Digitalität ein schlechter Ersatz, das wird man möglichst analog

machen. Oder: schnelle Unterhaltung findet man auf dem Bildschirm, aber das besondere Erlebnis des Theaters, des Clubs, des Festes, des Konzerts etc. will man als Präsenzveranstaltung erleben. Es kann sein, dass diese zunächst rarer sind und damit umso wertvoller werden. Ich würde aber generell vermuten, dass gerade angesichts der Verlusterfahrungen im Lockdown die Ästhetik der Präsenz und die Ästhetik des Performativen von Körpern im Raum erst recht ihre Bedeutung einfordern – und das, weil hier ganz andere, ganzheitlichere Affizierungen möglich sind als im digitalen Raum.

allmende:

Was tun? Werden für die sozialwissenschaftliche Theorie neue Prämissen notwendig sein, in Soziologie, Philosophie, Politik und Kulturwissenschaften? Kann das theoretische Denken wieder substantieller Teil der Öffentlichkeit werden?

Andreas Reckwitz:

In den letzten 20 Jahren hat sich in den Sozial- und Kulturwissenschaften ein enorm gestiegenes Bewusstsein für die Verflechtungszusammenhänge zwischen menschlichen und nicht-menschlichen Aktanten, zwischen Kultur und Natur herauskristallisiert, wie es etwa durch Latours Akteur-Netzwerk-Theorie oder die Theorien des Anthropozäns vorangetrieben wurde. Diese Denken in Natur/Kultur-Formationen erweist sich gegenwärtig als essenziell: Um Pandemien zu begreifen, muss man eben auch Viren als eigenständig Handelnde miteinbeziehen. Das betrifft auch das Verhältnis zwischen Sozial- und Naturwissenschaften generell, Soziologe und Virologen müssten zusammenarbeiten. Auch angesichts der Herausforderungen des Klimawandels sind solche Kooperationen nötig.

Neben dieser sehr allgemeinen Frage des Verhältnisses von Kultur und Natur kann man sich vorstellen, dass auch manche speziellere Fragen durch die Corona-Krise stärker auf die sozialwissenschaftliche Agenda rücken. Ich denke hier etwa an den ganzen Komplex Sicherheit, Risiko, Prävention und Biopolitik als gesellschaftliches Phänomen, der durch Ulrich Beck und Arbeiten in Anlehnung an den späten Foucault seit den 1980er Jahren zunächst forciert wurde, danach aber etwas in den Hintergrund rückte und jetzt sicher wieder relevanter wird.

allmende:

AutorInnen reflektieren angesichts der Krise intensiv über die Rolle und Funktion der Literatur. Verändert sich das Selbstverständnis von Literatur und Kultur?

Andreas Reckwitz:

Während des Lockdowns wurden Museen, Ausstellungshäuser, Kinos, Theater, Opern, Buchläden und Konzerthäuser geschlossen und auch die Verlage wurden massiv getroffen. Es besteht die große Gefahr, dass der Kulturbereich insgesamt im Gefolge der Corona-Krise an den Rand gedrängt wird. Die Kultur wird sich behaupten müssen, indem sie gegen das Reden von der System(ir)relevanz ihre gesellschaftliche Notwendigkeit als Reflexionsort und als spielerischer Ort ästhetischer Gegenwelten selbstbewusst betont. Aber vielleicht wird das Interesse des Publikums nach der Krise auch umso größer sein, gerade an den Präsenzformaten.

INTERVIEW

Interessant wird es sein, wie sich durch die Corona-Krise die kulturellen Sensibilitäten verschieben, in Kunstwerken neue Themen behandelt werden, neue Betroffenheiten ausgedrückt werden. In den letzten Jahren haben im kulturellen Feld Klassen- und Identitätsfragen ja als Thema eine große Rolle gespielt. Diese Themen werden sicher auch nicht verschwinden, aber ich bin mir sicher, dass unter dem Einfluss der Corona-Krise im neuen Jahrzehnt im Kulturbereich existenzielle Fragen des Menschseins insgesamt stärker zum Thema werden: die Frage der Verletzlichkeit des Individuums und der Fragilität des Sozialen, Fragen von Krankheit, Altern und Tod, das Verhältnis zwischen den Körpern, zwischen privatem und öffentlichem Raum, von Schutz und Exponiertheit, Angst vor dem Anderen und Begehren nach dem Anderen, die Frage nach Zufall und Kontingenz, das Verhältnis zu einer Natur, die scheinbar ›zurückschlägt‹ etc. Bilder wie jene der menschenleeren Straßen in der Großstadt, der überfüllten Krankenstationen in den USA oder Italien oder der Menschen, die sich nur noch mit Gesichtsmasken begegnen, Erfahrungen der Ausgangssperre, der Isolation oder der erzwungene sozialen Nähe oder auch das kollektive Applaudieren für das Pflegepersonal von den Balkonen – das werden starke Anstöße für eine künstlerische Behandlung in einem Film, einem Roman oder einer Installation sein. Die Kunst wird ja immer intensiver, wenn sie mit solchen Grenzerfahrungen konfrontiert ist.

ANDREAS RECKWITZ, geboren 1970 in Witten, ist Soziologe und Kulturwissenschaftler. Er studierte Soziologie, Politikwissenschaft und Philosophie an den Universitäten Bonn, Hamburg und Cambridge und wurde 1999 mit der Dissertation *Die Transformation der Kulturtheorien* promoviert. 2005 wurde Andreas Reckwitz auf die Professur für Allgemeine Soziologie und Kultursoziologie an der Universität Konstanz berufen, die er bis 2010 inne hatte. Von 2010 bis 2020 war er Professor für Kultursoziologie an der Europa-Universität Viadrina in Frankfurt an der Oder. Seit 2020 ist er Professor für Allgemeine Soziologie und Kultursoziologie an der Humboldt-Universität Berlin. Er veröffentlicht regelmäßig als Gastautor in der Wochenzeitung *Die Zeit* und wurde 2019 mit dem Gottfried Wilhelm Leibniz-Preis der Deutschen Forschungsgemeinschaft ausgezeichnet. Seine Darstellung *Die Gesellschaft der Singularitäten* (2017) wurde mit dem Bayerischen Buchpreis 2017 ausgezeichnet und stand 2018 auf der Shortlist für den Preis der Leipziger Buchmesse in der Kategorie Sachbuch/Essayistik.

www.sowi.hu-berlin.de/de/lehrbereiche/allgemeine-soziologie/professur

YOKO TAWADA

Ein Mädchen und ich

Prasselnde Wortmeldungen
Regen oder ApplAUS?
Ohren wachsen pilz-artig
AufrichtigES Plüschtier
Ohne Großeltern
Schlummert der Hase
Online Oase
In der Pfanne
Brutzelt sein Pelzmantel
Erhitzte Ölindustrie
Lorbeersüchtig mobil
BrennEND einsam
Du ein Tippfehler

Familienalbum

Heute hast du deine Mutter
enterbt und sie durch eine Birke
ersetzt Morgen ist der Hund dein
Vater ein Seehund aus der Nordsee
Kinder
sind erdige Knödel auf dem feuchten
Schoß Wer hat deine
Butter entfärbt weiß und unschuldig
Du ziehst den Reißverschluss hoch
Au/g/renze geschlossen
Gren/z/unge trocknet aus
Das Tamagotchi des Nationalismus
Gefüttert mit Klicken und Krachen
Freiheit und Fisch jeden Freitag
Speist uns nicht ab
mit leerem Gutschein
Was für ein Knochentag
Wir werden nicht satt mit
Rot-grün-blauen Götterspeisen

LYRIK

YOKO TAWADA, 1960 in Tokio geboren, studierte an der Waseda-Universität in Tokio Literaturwissenschaft und von 1982 an Neuere Deutsche Literaturwissenschaft an der Universität Hamburg. Sie wurde in Zürich promoviert. Bislang sind von ihr 23 Bücher in Deutschland und 29 Bücher in Japan erschienen. Sie lebt in Berlin und schreibt ihre literarischen Texte auf Deutsch und Japanisch. Yoko Tawada wurde vielfach ausgezeichnet, unter anderem erhielt sie den Akutagawa-Preis (1992), den Tanizaki-Preis (2003), den Kleistpreis (2016), die Carl-Zuckmayer-Medaille (2018) und den National Book Award (2018). Yoko Tawada ist seit 2015 Mitglied der Akademie der Wissenschaften und der Literatur in Mainz und seit 2016 Mitglied des PEN-Zentrums.

www.yokotawada.de

ESSAY

MARION POSCHMANN

Anthropozän

Der indische Schriftsteller Amitav Ghosh stellt in seinem Essay *Die große Verblendung. Der Klimawandel als das Undenkbare* die Frage, warum sich die technischen, politischen und ökologischen Umwälzungen, die wir zur Zeit erleben, deren Teil wir sind, nicht in der Literatur niederschlagen. Er hat dabei in erster Linie den Roman im Blick und kommt zu dem Befund, daß die Romanautoren im Großen und Ganzen sowohl den Themen als auch den Formen des bürgerlichen Romans des 19. Jahrhunderts verhaftet bleiben, und zwar aus dem Grund, so sagt es schon der Untertitel, weil die gegenwärtigen Veränderungen das Vorstellungsvermögen des einzelnen überschreiten. Sie erstrecken sich räumlich über den gesamten Globus, ja darüber hinaus, da unser Schrott bereits im Weltraum deponiert ist, sie erstrecken sich, gemessen an der Erdgeschichte, in ihren Konsequenzen über Zeiträume, die unabsehbar sind, bzw., denkt man etwa an das Artensterben, so enorm beschleunigt werden, daß unabsehbare Zeiträume auf einen winzigen Moment zusammenschrumpfen, einen kurzen Moment, in dem Dinge geschehen, die nicht revidierbar sind.

Nun kann man mit Recht dagegen halten, daß diese Veränderungen so unsichtbar nicht sind, daß es vielmehr durchaus möglich wäre, durch genaue Beobachtung eines begrenzten Spots auch das sogenannte große Ganze erkennbar und fühlbar werden zu lassen, auch wenn das Große nicht einheitlich ist und schon gar nicht ganz. Dichtung, könnte man sagen, war immer schon in der Lage, das Unsichtbare sichtbar zu machen, das ist geradezu ihre Kernkompetenz.

Vor allem aber haben wir in unserer alteuropäischen Ästhetik eine Kategorie, die im Grunde auf genau solch einen Fall zugeschnitten ist. In der kantischen Theorie des Erhabenen wird von Phänomenen ausgegangen, die das menschliche Auffassungsvermögen in ihrer Größe und Dynamik übersteigen, die letztlich drohen, dieses Auffassungsvermögen ganz auszulöschen. Eine künstlerische Auseinandersetzung ist dennoch möglich, »wenn wir uns nur in Sicherheit befinden«. Und das tun wir. Noch.

Das Unsichtbare sehen, das Undenkbare denken, das Übermaß fassen: der Witz an der Denkfigur des Erhabenen besteht darin, daß der menschliche Geist fähig ist, sich mit einer Größe zu identifizieren, die über den eigenen Erfahrungshorizont hinausgeht, und darin die Unendlichkeit des Bewußtseins zu spiegeln. Bekanntlich liegt in diesem Ansatz auch die Gefahr von Pathos, Selbstüberschätzung und, verkürzt gesagt, totalitären Systemen, weshalb er eine Zeitlang verpönt war.

ESSAY

Dennoch erleben wir derzeit, daß der menschliche Einfluß ganz konkret über das menschliche Maß hinausgeht, daß er beispielsweise das Wetter beeinflußt, wie es zu vorkantianischen Zeiten eigentlich nur Gott vermochte. Dann machte sich das Wetter für eine Weile selbst, und die Aufklärung rehabilitierte alle Personen, die als Regenmacher und Wetterhexen unter Verdacht geraten waren, mittels der Dichotomie Vernunft und Aberglauben. Eine einzelne Person, hieß es, könne das Wetter nicht beeinflussen, auch und erst recht nicht mit Hilfe des Teufels. Heute beeinflußt jeder einzelne von uns das Wetter, durch Fleischkonsum, Flugreisen, schieres Dasein. Es handelt sich um eine unglaubliche Macht, sublim, unmerklich, der Vernunft nicht zugänglich. Was wäre, wenn wir uns mit dieser Macht identifizierten? Pathos der Verantwortung – bringt das Lust oder Unlust? Ich stelle mir vor, daß es ökologisch sinnvoll und poetologisch erkenntnisreich sein könnte. Das Undenkbare denken, Kant recyceln.

MARION POSCHMANN, 1969 in Essen geboren, studierte Germanistik, Philosophie und Slawistik und lebt in Berlin. Für ihre Lyrik und Prosa wurde sie mit mehreren Preisen ausgezeichnet, unter anderem 2011 mit dem Peter-Huchel-Preis für deutschsprachige Lyrik und zuletzt mit dem Klopstock-Preis 2018 für ihren Roman *Die Kieferninseln* (2017), der auch auf der Shortlist des Deutschen Buchpreises und auf jener des Man Booker International Prize 2019 stand. Sie ist außerdem Mitglied des PEN-Zentrums. Zuletzt erschien ihr Gedichtband *Nimbus* (2020).

MIKAEL VOGEL

Die Bonin-Erddrossel

Olivbraun, ohne
Feinde wahrscheinlich
Auf dem Boden nistend.. von der
Beechey-Expedition übersehen oder nicht beachtet; zur Feier seiner Entdeckung des
Damals zahlreichen Vogels er-
Schlug, konservierte von Kittlitz am 2. Mai 1828 vier Individuen.
Nie sah ich ihn anders als auf dem
Boden, wo er gewöhnlich sehr schnell läuft
Sein Flug ist gewandt und wohl ausgebildet, doch hält er sich immer dicht über der Erde.
Ziemlich oft hört man seine einfachen Locktöne tscheck! tscheck!
Eine andere Stimme habe ich an diesem Vogel nicht bemerken können.
Der kleine etwas muskulöse Magen enthielt allemal Trümmer von kleinen Insekten, zuweilen Krustaceen.
Durch einen Schiffbruch war
Ein Paar Schweine an Land gelangt, sich ver-
Mehrend; als zwei Jahre später Walfänger anzulegen begannen folgten
Ratten, Siedler
Ziegen, Hunde, Katzen. Die Bonin-Erddrossel ist
Niemals lebend wiederge-
Sehen worden

Bonin-Erddrossel (unten), Senckenberg Naturmuseum Frankfurt am Main

LYRIK

An einen Braunkopf-Laufsittich im ewigen Rückenflug des Ausgestopftseins, Wien

Federn-
Hauche, in Aufflügen
Zitrusgrünem Bauchflaum zu ent-
Fliehen suchend.. deine Schwanzfedern bleiben starr
Flügel eng ange-
Presst. Keine deiner Gewohnheiten jemals
Aufge-
Zeichnet worden, dein Lieblingsgeräusch, ob du Streiche spieltest, eifersüchtig warst – ver-
Flogene Erinnerung an deine Schwärme. Niemand weiß
Warum ihr ausstarbt –
Du, eine
Zweite Haut in Tring: letzte Federwurzeln eurer Art. Auf Raiatea
Wahrscheinlich während James Cooks zweiter Expedition 1773 oder 1774
Oder dritter Expedition 1777
Nahm eure beiden Kadaver Georg Forster
In Besitz

LYRIK

Braunkopf-Laufsittich, Naturhistorisches Museum Wien

LYRIK

Großes Nichtspalimpsest
von der Iwo-Jima-Weißbrauenralle

Der einzige Bericht von ihr
Erschien nach ihrem Verschwinden. Blieb im Schilf, Gestrüpp verborgen
Nur nahe angesammeltem Regenwasser
Trinkend er-
Blickt. Als ihr Dschungel für Zuckerrohrplantagen gerodet wurde
Fand sie zur Trockenzeit
Nur noch
In Siedlungen Wasser – wo Katzen warteten.
Letzte Sichtung 1925

Der Japanische Riesensalamander

Andrias japonicus
Ōsanshōuo, riesiger Pfefferfisch
Zweitgrößte Amphibie der Welt, groß wie Yoko Ono..
Nur auf Honshū, Kyūshū, Shikoku in
Klaren Waldflüssen
Deren Wassern nie entsteigend
In der Strömung Sauerstoff durch seine Haut einatmend, je mehr Falten desto
Mehr atmende Haut –
Mizu shobai, Wasserhandel, Slang für *Nachtleben* in Bars, Cabarets, Nachtclubs.
Fast blind, erspürt nahende Beute. Sondert bei Gefahr
Eine milchige, nach Japanischem Pfeffer riechende Substanz ab
Ist ausgewachsen ohne natürlichen Feind
Außer Menschen: Habitatverlust durch Dämme, Flusslaufgestaltung –
Japan, *doken kokka, Baustaat,* hat längst
Jeden Fluss, jeden Strom mindestens über Strecken hin mit Betonufern, Betonflussbett
Zu Tode verbaut.
Ein Japanischer Riesensalamander im Zoo von Amsterdam hat ein Alter von 52 Jahren
    erreicht
In Aomori das Japanische Englisch eines Straßenmusikers:
Imagine all the people
Leaving for today

LYRIK

Die gesitteten Löwen Roms

Da kamen sie wieder zusammen
Durch alle Geschäfte gezogen: die zahmen Gefährten –
Neben dem einstigen Sklaven Androklus an der Leine der Löwe
Der in der Arena, statt
Seinem zitternden Gegenüber an die Gurgel zu springen
Denjenigen der ihm
Einen Dorn aus dem Fußballen ge-
Zogen, mit dem er sich dann in dessen Höhle, Ver-
Steck des vor den Misshandlungen durch dessen Besitzer Geflohenen
Erjagtes Fleisch geteilt hatte
Wiedererkennend
Dem zum Tod durch Zerfleischen Verurteilten zur Begrüßung
Hände und Füße geleckt hatte – das Publikum so bewegt dass beiden ihre Freiheit wiederge-
Schenkt worden war. Jetzt er-
Griffen seine Fänge Blumenbouquets und Geld.
Die ersten Löwen spendierte Rom Marcus Fulvius Nobilior.
Faszinierter nie Martial als
Löwen Hasen in ihren Mündern ein- und aushoppeln lassen zu sehen ohne zuzu-
Beißen – das Spektakel ließ ihn acht Epigramme lang nicht los.
Teenager-Tyrann Elagabal hielt Löwen als Haustiere
Die während seiner Bankette Gäste in Todesangst versetzten wenn sie plötzlich herein-
Spaziert kamen
Entwaffnete, Krallen und Zähne ausgerissen
Den Terror trotzdem nachts erneuernd wenn sie mit
Bären, Leoparden zu den Schlafenden in die Gemächer gelassen wurden.
Als im Amphitheater
Ein Löwe der seine Wut abge-
Legt, sich seinem Meister unterworfen hatte
Auf Befehl seinen Willen von der Beute ab-
Wendete, die Kiefer von ihr löste und in seinen Käfig zurückschritt
Beim ersten Angriff einem *fliehenden wilden Tier* erlag

(Das keiner Benennung bedurfte: Caesars Augen hatten das Tier erblickt)
Senkten in ihren Gefängnissen die anderen Löwen beschämt ihre Brauen –
Aber der Verwundete, statt zu
Sterben, warf sich zurück in den Kampf. Dann
Trauerten Volk wie Senat im Angesicht seines Kadavers. Caesar entrannen Tränen.
Statius schrieb so schnell er konnte ein Gedicht
Um es Domitian
Der Tote zum Tode ver-
Urteilte, ihre Vermögen zur Finanzierung der Spiele zu beschlagnahmen
Überreichen zu können solange der Löwe noch im Sand lag – sonst hätte er Caesar
Nicht mehr interessiert.
Das war gewagt: Andere Dichter waren
Einer einzigen doppeldeutigen Zeile wegen hingerichtet worden

LYRIK

Das Tieropfer
durfte nicht gezwungen werden
seinen Nacken darzubieten, sonst
drängte sein Geist auf
Rache

Die vermeintliche Ruhe des Tiers
Gehörte zum Dekor. Roms Trick: Es zur Ein-
Willigung in seine Opferung durch Vorstrecken seines Nackens zu
Bewegen. Die Kunst bestand darin das Tier zu reduzieren. Sein Sterben schloss
Das Heilige immer bereits mit ein

MIKAEL VOGEL, 1975 in Bad Säckingen geboren, arbeitete unter anderem in Paris, Tübingen und Freiburg. Seit 2000 schreibt er vor allem Lyrik. 2001 veröffentlichte er erstmals Gedichte in der Zeitschrift *manuskripte*. Mikael Vogel lebt seit 2003 in Berlin. Er wurde mit mehreren Stipendien ausgezeichnet, jüngst erhielt er das Stipendium für Schriftsteller des Ministeriums für Wissenschaft und Kunst des Landes Baden-Württemberg (2019) und das Hausacher LeseLenz-Stipendium in der Sparte Prosa/Lyrik (2019). Zuletzt sind seine Lyrikbände *Dodos auf der Flucht. Requiem für ein verlorenes Bestiarium* (2018, mit Illustrationen von Brian R. Williams) und, gemeinsam mit José F.A. Oliver, *zum Bleiben, wie zum Wandern – Hölderlin, theurer Freund* (2020) erschienen. **www.mikaelvogel.de**

LITERARISCHE SKIZZE

MONIKA RINCK

Die fünfte und letzte Tugend der chinesischen Kampfgrille

Das Tentakuläre des Gedankens lehrt: Wer eh' nichts tut, der soll sich auch nicht fürchten. Angst will mir ein Schwungbrett sein, ein Schlüssel für die Tat. Gottesfluch, verlorenes Paradies, eine Maschine, die alles kopiert, sowie eine Leidende aus begüterter Familie, die dies für uns beschrieb.

Am Anfang steht die erste Tugend der chinesischen Kampfgrille: Wenn es Zeit ist zu singen, wird sie singen. Dies ist Zuverlässigkeit. Doch hört ihr das seltsame Modulieren, diesen tief traurigen Ton, der, eher heiser als klar, eher kräftig als matt, schwerlich Gnade auswärts fände – todangst wird mir dabei.

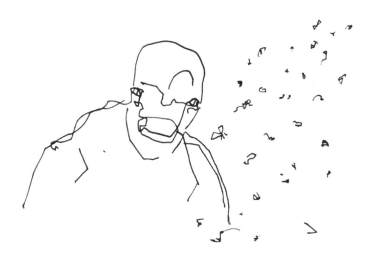

LITERARISCHE SKIZZE

Auf ein Jahr ohne Sommer, in dem die Grillen verstummten, folgten viele so hitzige Jahre, als ob sie nur aus Sommern bestünden. Die Grillen sangen. Dies ist die zweite Tugend der chinesischen Kampfgrille: Wenn sie auf einen Feind trifft, wird sie nicht zögern zu kämpfen. Was aber, wenn der Feind sie selber ist? Das Knacken des Turmes ist zum Knacken der Knochen geraten, eine Baugrube aus Wachs steht im Garten, die dritte Tugend der Kampfgrille verlangt: Selbst schwer verletzt, sich nicht zu ergeben. Dies wird Treue genannt.

Dennoch meine ich, das Fräulein singt sehr schön, so voll und biegsam, von nicht geringem Umfang, überzieht ihr Ton den durchwässerten Park. Wenn sie aber besiegt worden ist, singt sie nicht, sie kennt die Scham, das ist die vierte Tugend der Kampfgrille. Als im Stockfinstern für einige Sekunden alles erleuchtet schien und man sah, wie verrückt die Dichter an neuen Gedichten, die Maler wie verrückt an neuen Bildern, die Komponisten an ihren Noten, – – – tats einen Schlag, es war mit einem Mal die fünfte und letzte Tugend der chinesischen Kampfgrille da: Wenn ihr kalt ist, wird sie nachhause gehen. Sie ist weise. Sie erkennt die Wirklichkeit an.

LITERARISCHE SKIZZE

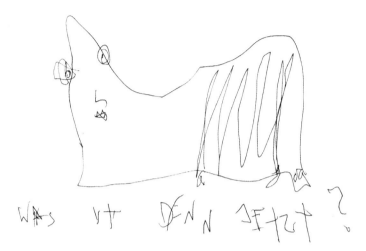

Wirklichkeit wird es immer geben, doch keinen Ort und niemanden, der dorthin zurückkehren kann. Dann wird sich zeigen, wie alle Erdzeitalter vor den inneren Augen der Menschen und Schrecken, in gleißendem Licht, noch einmal, auf der Erde, werden und vergehen. Die Erde wird sich weiterdrehen, sehr viel leerer weiterdrehen. Tief und zitternd wie eine sterbende Löwin. Dennoch meine ich, das Fräulein singt sehr schön.

MONIKA RINCK, geboren 1969 in Zweibrücken, studierte Religionswissenschaft, Germanistik sowie Vergleichende Literaturwissenschaft in Bochum, Berlin und Yale. Sie lebt in Berlin. In ihrem digitalen »Begriffsstudio« sammelt sie Ausdrücke sowie Wortprägungen des medialen Alltags und setzt sich mit diesen im Internet auseinander. Zuletzt erschienen das Lesebuch *Champagner für die Pferde* (2019) und der Gedichtband *Alle Türen* (2019). Monika Rinck ist zudem als Übersetzerin aus dem Ungarischen und Englischen tätig und erhielt Auszeichnungen wie den Ernst-Jandl Preis (2017) und den Roswitha-Preis (2019). 2019 hielt sie in Göttingen die Lichtenberg-Poetikvorlesungen, die in einer überarbeiteten Form im selben Jahr unter dem Titel *Wirksame Fiktionen* gedruckt wurden.

www.begriffsstudio.de

LYRIK

DANIELA DANZ

Komm Wildnis in unsere Häuser

zerbrich die Fenster komm
mit deinen Wurzeln und Würmern
überwuchere unsere Wünsche
Mülltrennungssysteme Prothesen
und Zahlungsverpflichtungen
wirf dein raschelndes Laub auf uns
und deine Sporen dass wir grün
werden grün und andächtig grün
und greifbar grün und ersetzlich
komm Wetter mit deinen Stürmen
und feg die Ziegeln weg komm
mit Schnee und Hagel zerschlag
den einvernehmlichen Schlaf
den wir in unseren Betten führen
die müden Erklärungen komm Eis
vergletscher das Internet der Dinge
Datensicherheit und Schattenbanken
und unseren Trieb zur Liquidität
komm Wüste mit deinem Sand
durch die Ritzen der Türen füll
unsere Ödnis an bis zur Starre
komm über die Bergungsteams
den Wachstumszwang riesele
in die Tastaturen die Raketen
und Raketenabwehrsysteme in
die Denkfabriken die Trollherzen
nur lass die Igel übrig mit ihrem
Schnaufen um uns zu beruhigen
komm steigender Meeresspiegel
über unsere Uferzonen die bebauten
die unbebauten die heimatseligen
profitablen Flachlandzonen spüle

Quallen auf unsere Suppenteller
und Posthornschnecken ins Haar
wenn wir aufeinander zu schwimmen
panisch vor Sehnsucht nach einander
weil so wenig bleibt weil alles hin ist
und gründlich aufgeweicht von Reue
Schuldzuweisungen Neuroleptika
kommt Erdstöße erschüttert unsere
Wohnungen die wir gegründet haben
darauf dass wir es schon immer so
machen komm Beben und verschütte
die Schächte das Ende der Arbeit und
unsere rettenden Lektüren begrab Zorn
und Zuneigung und sämtliche Zugewinne
verschluck die Erinnerungen komm
Beben mach schnell dass der Fels uns
bedeckt über uns Wasser Wüste Wetter
und die alles alles bedeckende Wildnis

LYRIK

Du bist ans Ende der Welt gereist

da waren Gärten halbrenovierte Höfe
du sahst die Verfahrenheit emporwachsen
an langen Stangen und den Suff mit seinen Arabesken
bis hierher bist du gekommen hast dich in ein frisch
gestrichenes Zimmer gesetzt mit Blick zur Straße
und den Schlüssel in der Hand gehalten
und dann neben das Bett gelegt
das Ende der Welt hat dich bedeckt
Steine über dich gerollt die lange Nacht
während das Dorf vor deinem Fenster
Rat hielt was mit der Fremden geschehen soll
und die Berge sich hinter sich selbst zurückzogen
schon übernahm schnell wachsendes Brombeergestrüpp
die Gärten alles war grün und du sahst im Schlaf
wie der Wald näher kam und hörtest ihn flüstern:
zerfallen wird das Haus in dem du schläfst
jahrelang unbewohnt zu niedrig die Zimmer und zugig
seit der Lehm die dicken Stämme nicht mehr dichtet
nicht mehr einer des anderen Last ist
die Ecken des Hauses waren Arbeit Tod Wetter
und Gott zerfallen wird das Haus
das Gemeinschaft hieß es hatte acht Ecken
vier hießen Zukunft eine Männer eine Frauen
mit patenten Händen und wackeren Hintern
eine hieß Feierabend und eine die Grenze
bis hierher sind wir gekommen
rot wurde das Haus gestrichen und trägt die Sterne
der EU bis hierher sind sie gekommen
und die Ziegel glänzen und wenn es auch wollte
es könnte nicht verrotten
leuchten wird noch sein Schutt im Wald der Zukunft
und zerfallen wird das Haus das hieß Familie

gebaut aus dem nicht abreißenden
Lärm der Motorsensen im Sommer
und dem Gerede des Fernsehers im Winter
gebaut von der kleinen Armee Mann Frau Kinder
und seine Ecken hießen Eigentum
Ende der Eskapaden komplettes Geschirr
unter dem Dach ein Winkel Kindheitskummer
und Dreck nicht totzukriegender Dreck
und Trost der Fotografie
weil die Dinge uns erst berühren
wenn sie flach sind wie überfahrene Frösche
wovon es hier viele gab doch das ist vorbei
denn zerfallen werden die Garagen
zerfallen wird auch das Haus des Wartens
ein kleines Haus mit Ecken aus Küssen und Pisse
mit Wänden aus schnell vergänglichen Wahrheiten
Haus der Herzen Versprechen der Nachrede des Klirrens
des immer wieder sich schließenden Kreises
wo mittags am Steuer ein Mann döst
und eine Frau wartet und die Tür geschlossen bleibt
bis der Zeiger seine Position erreicht hat
und sie ihm ihr Ziel nennt und er ihr den Preis
zerfallen wird das Haus mit den zweiundzwanzig Ecken

LYRIK

des Glücksspiels und schnellen Gewinns
mit den verspiegelten Scheiben und verschobenen
Erwartungen gebaut aus glänzenden Einzelheiten
zerfallen wird es in die Kleinteiligkeit
von Rätselratern und Lottospielern
zum Fenster herein kommen Libellen
das Erschrecken versteckt sich
im Geflacker der Automaten
zerfallen wird die Kirche nachdem der Marienkäfer
über die Schwelle ins Freie gekrabbelt ist
während die Lautsprecher weiter zelebrieren
und der Priester mit den Schließen der Heiligen Schrift
kämpft die nie funktioniert haben
etwas ist lose und schlägt gegen die Fenster
zerfallen wird das Haus am Rand
das gar nicht dazugehörte
setz dich Fliege setzt euch zitternde Gedanken
zerfallen wird das Regal auf dem der Zucker
für den Sommer stand
und er wird sich über den Boden verteilen
bis die Ameisen kommen ihn wegzutragen
klein werden die Äpfel werden und sauer
und zerfallen wird der dreisprachige Lehrpfad
und die Kenntnis der Geschichte und die Gewissheit
totgeschlagene Insekten kommen zurück
ihre Abdrücke an den Wänden zu betrachten
die Füchse holen sich das Rot wieder
mit dem die Bewohner nichts anzufangen wussten
schon ist es kühler im Schatten des nahenden Waldes
doch die Solarlaternen leuchten noch
die beladenen Tische aus
ein umgestürzter Eimer ein zugezogener Himmel

ein geflohenes Huhn und ein Klingeln in der Handtasche
es fehlen schon Wege Schaukeln
die Kinder fehlen und das Loch in der Wand
das dir aufgefallen war vorm Einschlafen
zerfallen wird das Dorf und seine Kreisstadt
zerfallen wird Bratislava
Münster – da lässt sich nichts machen
und Weimar – hier leider auch der Laden
mit den Versteinerungen
zerfallen wird Shirley Temples Körper
und dein Leib
und der dessen der dies liest
gelesen haben wird oder einen in der Familie hat
der es las damals als der Wald kam
und sich das Dorf in das du reistest um die Wildnis zu sehen
zurückholte

Wildnis der Rede

hemmende noth geistige verwirrung die Rede verirrt sich irrt umher sie redet in Strömen geht über uns der Regen der Rede der mitreißt *Flüchtlingsströme die Dämme brechen hereinfluten verheerende Überschwemmungen überrollen* die Dammkronen der Rede *versinken im Chaos schlingern fahren in den Abgrund entgleisen* im *Crash* dieses *Katastrophenkurses* dem *Zusammenbruch des Systems* der allumfassenden *Zerstörung* die *den Staat sprengt* den Staat der *verfällt* und *geblendet* stehen die Hörenden die die *Abgabenlasten* tragen, die *Zinslasten* die *Steuerlasten* die der *Belastung nicht standhalten unter den Lasten leiden die Leidtragenden* stehen der *Täuschung* ausgesetzt *geblendet* im Rauch der *Nebelkerzen* der *Scheindebatten* und wissen nicht wie den *Wahnsinn* ertragen den *Irrsinn* das *Endstadium* dieser *Hysterie* wie die *Krise* bekämpfen den *Feind* den *Verräter* den *Angriff* und *Anschlag auf unsere Demokratie* wie verdammt nochmal sich *wehren schützen* die *Bedrohung abwehren den Todesstoß und das geohrfeigte Deutschland wieder sicher machen* und *retten* vor der *Katastrophe* der *Katastrophenpolitik wie das Ruder* noch einmal *herumreißen* die *Festung Europa sichern schließen dichtmachen* helft uns ihr Redner helft der Irrsal der Rede Bedrängnis der Vernunft helft uns und hört auf so zu reden

LYRIK

 DANIELA DANZ, geboren 1976 in Eisenach, studierte Kunstgeschichte und Germanistik in Tübingen, Prag, Berlin und Halle, wo sie über Krankenhauskirchenbau promoviert wurde. Sie bekleidete Lehraufträge in Osnabrück und lehrt an der Universität Hildesheim. 2019 erhielt sie den Deutschen Preis für Nature Writing. Daniela Danz ist seit 2015 Mitglied der Akademie der Wissenschaften und der Literatur Mainz. Sie veröffentlichte unter anderem den Gedichtband *V* (2014) und den Roman *Lange Fluchten* (2016). Im Juli 2020 erscheint ihr neuer Gedichtband *Wildniß* im Wallstein Verlag. Seit 2013 ist sie Leiterin des Schillerhauses in Rudolstadt. **www.chiragon.de**

MINIATUREN

WALLE SAYER

FLUTMARKE
(Horb, 23. Juli 1584)

Das bevorstehende Weltende hatte sich in den Chroniken Jahrzehnte zuvor schon angekündigt. Mit ausgebliebenen Sommern, in deren Junimonaten Eiszapfen an den Reben hingen. Mit verhagelten Ernten und den toten Fischen eines ausgetrockneten Neckars. Und dieser irren Maienkönigin, die anno 1537 dem Dezember zulächelte, so daß weihnachtliche Veilchen auf den Wiesen erblühten. Matthäi am Letzten dann, heulend und zähneklappernd, wie der Himmel sich an besagtem Julitag schwärzte, die Fahnen am Mast zerrten, sich losreißen wollten von ihrem Gehißtsein, die Wolken schließlich auseinanderbrachen. Die Wassermassen des Grabenbaches, Baumstämme flößend, nahmen allda Gesteinsbrocken und Uferfelsen auf, stauten sich vor den geschlossenen Stadttoren, bis die Mauer nachgab, ein Schwall das Torwärterhäuschen hinwegschwemmte. Die Fluten, wie ein gewaltiger Meißel, stürzten die Friedhofsmauern, spülten die Toten aus ihren Gräbern. Neben der Brunnenfigur, seit jeher auf den Himmelsrand deutend, und einer Kindbetterin, die man erst kurz zuvor begraben hatte, riß die Strömung in der Unterstadt eines greisen Mannes Leichnam bis nach Lustnau mit. Sechs gänzlich verschwundene Häuser, dreißig verwüstete. Alle Stege und Brücken weggerissen. Acht Gewappnete, deren Schandtaten auf Ruhmesblättern standen, samt ihren Pferden ersoffen. Rösser, Kühe, Kälber, Gänse, Hühner, Schweine: in welcher Zahl kann niemand wissen. In den Stallungen des Spitals überlebten allein ein blinder alter Rappe und eine große rotblessende Kuh, die sich selbst die Stiegen hinauf salviert hatten. Die auf den Kirchenhügel geflüchtet waren, sahen in den Abgrund dieses Tages hinein wie in ein tosendes Gottesgähnen. Gingen am nächsten Morgen wehklagend durch die Gassen und Straßen, welche bedeckt waren von Kot, Schlamm, Gestein, Gebälk und dem Holzwerk zertrümmerter Sünderbänkchen.

MINIATUREN

Paul Kälberer, »Sintflut«, Radierung 1930

MINIATUREN

ZEITUNGSPHOTO VON DER HAUPTÜBUNG

Im Hintergrund dringt verziehender Rauch, von einer Nebelmaschine erzeugt, aus dem Gebäude. Ein Blutgeschminkter, dem ein Druckverband angelegt wurde, lehnt am Feuerwehrauto mit einer feixenden Bierflasche in der Hand. An ihm vorbei werden die lachenden Schwerverletzten herausgetragen und erstversorgt. Als hättest du den Auftrag, die Tageszeitung auszuwerten, nimmst du eine rostfreie Schere und schneidest dieses Bild aus, legst es in eine überquellende Sammelmappe wie ein Erinnerungsstück, wie einen Befund, wie eine Karikatur, wie ein Laienkunstwerk, wie ein Dokument, wie einen Beleg.

EINEN FEUERLÖSCHER PHOTOGRAPHIEREN

Blütenstaub, Saharasand als Gelbhauch auf den Bistrotischen, rundum angekettet die Stühle, damit keiner sich davonstiehlt, keiner abhaut über Nacht. An solch einer Eckkneipe vorbei, nach einer vagen Adresse suchend. Einer der Wohnblöcke dahinter, die im Blickfeld des zuplakatierten Verteilerkastens Scheinriesen imitieren, müßte es sein. Verbeulte Briefkästen, in denen wohl noch nie ein Grauschnäpper genistet hat. Der Schreckschuß einer zufallenden Tür hallt durchs leere Treppenhaus. Hier am Aufgang, in einer Nische von umgefallenen Fahrrädern und einem Kinderwagen zugestellt, in seiner angerosteten Verankerung durch ein Spinnennetz gehalten, war es, als würde der verstaubte Feuerlöscher, laut Prüfplakette letztmalig vor zwölf Jahren ausgetauscht, mit seiner Verstummtheit danach fragen: hinter welchem Alltag du dich verschanzt, auf welch verlorenem Posten du eigentlich stehst.

MINIATUREN

WORTKLAUBEREI

Bodenständiges, Bodenständigkeit, bodenständig sein: auch so ein angestammtes Wort, mit dem man nicht vom Fleck wegkommt. Als könnten nur Kartoffeln darauf wachsen, aber keine Orchideen. Als gäbe es das Bebensichere, auf dem du stehst, den felsigen Untergrund, der dich trägt. Und keine Knochenfunde, keine Schädelstätten, sobald man anfinge zu graben. Keine Altlasten im Erdreich, die man abtragen müßte. Als ließen sich keine Pflöcke einschlagen oder Vermessungsstangen. Als gäbe es das Zählwerk der Gräser nicht. Und keine Wildschweine, die über Nacht ihre verwüstenden Schneisen hineinpflügen.

MUNDSCHUTZ

Das, was die Seuchenhistorikerin im Radioforum gerade wie nebenbei sagte: daß im Mittelalter, in der frühen Neuzeit, die Pestkarren nicht mehr mit Metall beschlagen werden durften, damit das Klappern in den Straßen aufhörte, das dauernde Totengeläut ausgesetzt wurde und nur noch am Freitag für alle gemeinsam geläutet. Es rasch notieren. Ein mechanischer Impuls. Genauso wie heute morgen das Ausschneiden des Detailbildes im Lokalteil, als ausgeschnittenes Rechteck kaum größer als ein gegenwärtiger Mundschutz. Ein Mundschutz für die Augen, ins Tagebuch eingeklebt, auf dem die Dämonenskulpturen an der Westfassade eines Stadtkirchturmes zu erkennen sind: sie stellen ein Drachenrelief dar, einen Bärenkopf, sein aus dem Maul wachsendes Geweih, und ein grinsendes Gesicht mit Schweinsohren.

WALLE SAYER, geboren 1960, lebt als Lyriker und Erzähler bei Horb und hat seit 1984 regelmäßig Gedicht- und Prosabände veröffentlicht. Zuletzt erschien sein Lyrikband *Mitbringsel* (2019). Walle Sayer wurde mehrfach mit Preisen ausgezeichnet, zuletzt mit dem Basler (2017) und mit dem Gerlinger Lyrikpreis (2018). Er ist Mitglied im Verband deutscher Schriftsteller und des PEN-Zentrums Deutschland.

ULRIKE DRAESNER

Exit Großer Goldkäfer

Der **Große Goldkäfer** *(Protaetia speciosissima)* ist ein Käfer aus der Unterfamilie der Rosenkäfer. Er ist stets perfekt rasiert, sein haarloser, gewölbter Schild glänzt intensiv grün- oder rotgolden. Er ist eine Pracht, kunstvoll aus sich überlappenden, am Auge verfugten Schilden gebaut, die Flügeldecken zeigen sich fein und zerstreut punktiert. Die Entwicklung dauert drei Jahre, das adulte Tier ernährt sich von Baumsaft oder überreifen Früchten. Ab und an hat er Lust zu übertreiben und erscheint als Regenbogen im Moos.

Ausgangslage, Auwald Leipzig, 30. April 2019

strichen unten herum neben
gebüschen und gräsern
stapfer schlechtahner grundlinge
die miesesten nachbarn jeher.
luft roch war nicht stille war
blatt-raschel-tier als wir
verharrten in der unbeweglichkeit
erschienen die kleineren flügler
glänzenden spinner kriecher
wörter gliedrig wie raupen
längst als unbrauchbar
indiziert
        waldesherrlichkeit
        lieblichkeit
brummten – vorbei

Exit Grosser Goldkäfer

Stufe 1 (exit o und t)

srichen unen herum neben
gebüschen und gräsern
sapfer schechahner grundlinge
die miesesen nachbarn jeher.
luf rch war nich sille war
bla-raschel-ier als wir
verharren in der unbeweglichkei
erschienen die kleineren flügler
glänzenden spinner kriecher
wörer gliedrig wie raupen
längs als unbrauchbar
indizier
        waldesherrlichkei
       lieblichkei
brummen – vrbei

Stufe 2 (exit k und g)

srichen unen herum neben
ebüschen und räsern
sapfer schechahner rundline
die miesesen nachbarn jeher.
luf rch war nich sille war
bla-raschel-ier als wir
verharren in der unbewelichei
erschienen die leineren flüler
länzenden spinner riecher
wörer liedri wie raupen
läns als unbrauchbar
indizier
        waldesherrlichei
        lieblichei
brummen – vrbei

Stufe 3 (exit e)

srichn unn hrum nbn
büschn und räsrn
sapfr schchahnr rundlin
di missn nachbarn jhr.
luf rch war nich sill war
bla-raschl-ir als wir
vrharrn in dr unbwlichi
rschinn di linrn flülr
länzndn spinnr richr
wörr lidri wi raupn
läns als unbrauchbar
indizir
         waldshrrlichi
         liblichi
brummn – vrbi

LYRIK

 ULRIKE DRAESNER, geboren 1962 in München, studierte Anglistik, Germanistik und Philosophie in München und Oxford und wurde 1992 promoviert. Sie veröffentlichte Gedichte, Erzählungen, Romane, Essays, Hörspiele und Libretti. Jüngst erschien ihr Roman *Kanalschwimmer* (2019). Ihr Werk wurde vielfach ausgezeichnet, beispielsweise mit dem Joachim-Ringelnatz-Preis für Lyrik (2014) und dem Nicolas-Born-Preis (2016). Zuletzt erhielt sie den Gertrud-Kolmar-Preis (2019) sowie den Preis der LiteraTour Nord (2020). Unter anderem in Oxford, Bamberg und Frankfurt hatte sie Poetikdozenturen inne. Seit 2018 ist sie Professorin am Deutschen Literaturinstitut in Leipzig. Sie ist Mitglied des PEN-Zentrums und der Akademie der Künste Berlin. Im Herbst 2020 wird ihr Roman *Schwitters* erscheinen. **www.draesner.de**

PROSA

BJÖRN KERN

Kein Vater, kein Land

Auszug aus einem längeren Prosatext

[...]

Lee horchte auf, aber da war nichts, außer der Nacht, in der die Stille Teil seines Körpers wurde, ein Teil, das versehrt war oder geringfügig verwundet und unter leichtester Belastung nachzubluten begann. Der Schnee fiel aus der Tiefe des dunklen Raums und bedeckte den Wald und die Wunden, und Lee mochte es, draußen zu sein, in dieser Nacht, die zum Morgen wurde, nicht mehr kräftig, noch schwarz. Er mochte der Schatten sein, er mochte der Wind sein. Er war er. Das Feuer war heruntergebrannt, die Glut aber strahlte Hitze aus. Er wärmte Milch für das Kind auf. Dann weckte er es.

– Hast du gut geschlafen?
– Nicht eine Minute. Mir war zu kalt.

Das Kind gähnte, drückte seine kleine Wange an Lees Hals.

– Du kratzt schon wieder.
– Komm näher, sagte Lee. Dann kratzt es nicht mehr.
– So nah?
– Näher. Bis nichts mehr zwischen uns passt.
– So?

Das Kind biss ihm zum Spaß in den Hals, es tat nicht weh, es fühlte sich eher an, als würde ein kleiner Fisch an Lees Hals knabbern, das Kind schielte zu ihm hoch und lachte, sah ihm in die Augen, hörte sofort wieder auf.

– War das zu fest?
– Nein, ist gut.
– Was ist?
– Nichts. Nichts ist. Trink deine Milch.
– Papa?
– Nun trink schon.
– Flieh'n immer die Bösen?
– Ich weiß nicht. Nein. Warum fragst du? Wenn die, die jagen, die Bösen sind, dann sind die, die flieh'n, die Guten.

Gegen Mittag stieg das Kind den Deich hinab, kniete sich ins Kiesbett, beugte den kleinen Oberkörper vor, über das flache, müde unter dem Eis ans Ufer schwappende Flusswasser, und trank.

– Komm zurück, sagte Lee.
– Ich hab aber Durst.
– Du kannst das nicht einfach trinken.
– Warum nicht? Es ist ganz normal, dass man trinkt, wenn man Durst hat. Alle machen das so.
– Hast du's getrunken?

Lee griff dem Kind zwischen die Lippen, öffnete den kleinen Kiefer.

– Spuck es aus.

– Du tust mir weh. Hör auf damit!
– Spuck es aus.
– Ist ja gut. Ich hab nichts getrunken.
– Wird alles besser, wenn wir beim Onkel sind.
– So lang trinken wir nichts?
– Natürlich. Aber nicht aus der Sydow.
– Siehst du hier vielleicht nen Wasserhahn?
– Auf der andern Seite vom Deich ist das Wasser in Ordnung.
– Das muss ich nich' wieder ausspucken?
– Nein, das darfst du trinken. Aber besser, du trinkst einfach Milch.

Die Abdeckerei auf der anderen Seite der Sydow war mit gigantischen, silbern geriffelten Blechplatten verkleidet, die das Sonnenlicht brachen und spiegelten. Die ersten Blaufärbungen waren schon vor ihrem Bau gesichtet worden. Noch am Tag, an dem der Onkel zum Revierförster ernannt wurde, hatte er einen blauzüngigen Dachs in seiner Kladde vermerkt. Niemand entlang der Sydow hatte ihm Glauben geschenkt.

Auch Lee nicht.

Wenn er den Onkel fragte, rührten die Verfärbungen von den Phosphaten, die aus den Äckern in die Sydow schwemmten, vom Streusalz, das von der Autobahnbrücke im Westen in den Fluss geriet. Er hatte Jahr für Jahr eine neue Erklärung gehabt. Dann endlich, mit dem Bau der Abdeckerei, hatte er den Feind gefunden. Es hatte

PROSA

etwas Manisches, wie er sich in den Kampf hineingesteigert, nur mehr von der Entfettung von Fleischbreien gesprochen hatte, im Internet nach Funktionsweise und Ausführung gesucht, ein Pappmodell im Maßstab 1:55 nachgebaut hatte, das Lees Mutter voller Wut, voller Wein, zusammengetreten hatte, bevor sie der Onkel für immer des Forsthauses verwies.

Der Einlauf des Abwassers in den Vorfluter war deutlich zu sehen, keiner Verfärbung, sondern einer erhöhten Fließgeschwindigkeit wegen, die sich durch harmlose Strudel flotierender Laichkräuter und Wasserlinsen bemerkbar machte. Flussaufwärts aber staute sich ein schwärender Schaumteppich, aufgeworfen zu Wellenkronen, von denen der Wind hier und da Schaumfetzen löste und auf das vergleichsweise reine Wasser des Vorfluters blies, wo sich der Schaum zäh und eiförmig ausbreitete, zum Teppich schloss, aus dem Faulgasblasen und schwefelhaltige Verpuffungen platzten; das übersäuerte Wasser der tieferen Schichten schien mit der Lauge darüber zu reagieren, der ganze Fluss in inwendigem Kampf, in steter Abwehr, gewissen Erdplatten gleich, die energiestrotzend aneinandergerieten, Magma nach oben drückten, Vulkane aufwarfen, Lava spien, doch inmitten des bräunlichen Schaums der Sydow zeigten sich hellere Schlieren der aus den Verpuffungen geplatzten Flüssigkeiten, aufgeworfene Gärlösungen, zu Lavabächen geronnen, heiß in den Schaum gebrannt, zischende Temperaturangleichungen waren zu hören, das Erstarren von Heißem in Kälte, und inmitten des gerinnenden Flors rotierten wieder die wenigen, in schwarze Säcke getüteten Bündel.

Lee rauchte zuende, schulterte das Kind.
Und ging.

Ein Kieselstein klackte hinter ihm auf dem Damm, Lee drehte sich um. Im nachdunkelnden Blenden der Sonne sah er die Silhouette eines Jungen, der auf der Deichkrone ging. Der Junge hielt eine Angel, er blieb stehen, sowie Lee stehen geblieben war, hundert, vielleicht zweihundert Meter weiter südwestlich. Lee ließ das Kind abermals zu Boden, setzte es auf den von der Sonne erhitzten Schotter, ging einige Meter nach Westen zurück. Auch der Junge ging auf ihn zu. Als sie in Sprechweite waren, blieben sie stehen.

– Ham Se gehört?, sagte der Junge. Is' wieder was raus.
– Was ist raus?
– So'n Zeug eben. Was weiß ich.
– Und woher willste das wissen?
– Ich hab ne Schleie geangelt, die hatte zwei Därme. Schlitz ich sie auf, hol ich den Darm raus, is' da noch einer drin.

Der Junge verstummte, ordnete die Schnur seiner Angel. Das Kind war über den Schotter zu Lee heran gerobbt und umklammerte nun seine Schienbeine. Er schützte es unter seiner ausgebreiteten Hand. Das Kind und der Junge beäugten sich, erkannten sich, sahen aber auch die Jahre, die sie trennten. Sie gingen weiter, der Junge folgte ihnen mit einigen Metern Abstand wie ein verspäteter Schatten.

Der Onkel hatte Lee davon erzählt, bis ihm die Pflanzen und Tiere im Schlaf erschienen waren wie zoologische Raritäten aus dem Seekabinett. Fluoreszierende Köcherfliegenlarven. Atrophierte Mollusken. Verzögerte Laichreife bei der Maräne. Verbuttung der Karauschen. Sich nicht mehr verpuppende Larven der Zuckmücke. Die Brut vernachlässigende Koppen. Spröde werdender Laichhaken bei Milchnern der Salmoniden. Aale mit im Alter abnehmenden Verdichtungszonen. Modrig sprießende Igelkolben und Seggen. Und nun eine Schleie mit zwei Därmen.

Was, wenn der Onkel gar nicht verrückt gewesen war?

[…]

BJÖRN KERN, geboren 1978 in Lörrach, studierte Literaturwissenschaften und Geschichte in Tübingen, Passau und Aix-en-Provence und anschließend am Deutschen Literaturinstitut Leipzig. Der Scheffel-Preisträger (1997) veröffentlichte unter anderem die Romane *Einmal noch Marseille* (2005) und *Die Erlöser AG* (2007), der 2012 für das ZDF verfilmt wurde. Ausgezeichnet wurde er unter anderem mit dem Brüder-Grimm-Preis der Stadt Hanau (2007), dem Casa-Baldi-Stipendium der Deutschen Akademie Rom Villa Massimo (2010), dem Alfred-Döblin-Stipendium (2011) und dem Berliner Senatsstipendium (2017). Im vergangenen Jahr erhielt er das Stipendium des Landes Brandenburg (2019). Zuletzt erschien von ihm *Im Freien. Abenteuer vor der Tür* (2019). Im Frühjahr 2021 erscheint sein neuer Roman *Solikante Solo*. Björn Kern lebt im Oderbruch.

www.bjoernkern.de | www.instagram.com/bjoern.kern

CAROLIN CALLIES

ich wünschte, aber ohne wetter

die ameisen hüten ihre toten
& nackten brüder & legen sie in risse,
in wohnungsschalen & nüsse,
in ein gefüge aus sommer & teerfleisch.

die trockenen böden üben sie aus
& folgen den stinkwarzen, der welkprobe
& die süßgräser am rande halten sie für dein haar.
bruchgolden & grobes, grobes stroh sei um dich.

eine mischung aus sommer & wirtlichkeit,
eine meeresenge, durch die niemand kommt
& die ameisen lassen sich schnäbel wachsen
& entlassen deinen kopf in einen fischschwarm.

schwimm, bohrinsel, schwimm

füll ich das öl auf mit fischen & in ihre kiemen.
das ist mein beruf, meine seel olfaktorisch
& schieb ich die ölplattformen tief ins maul der meeresbrasse
& darin steht schon ein kleiner bohrturm, rachengesperrt.

ich speicher die alten knochen in den fischen ab,
eine skizze aus bärenkrebsen & fischbäumen
& auf den kiemen verirrt sich ein faun,
& geh ich den gerüchen nach & bau nen zaun aus petrol.

ich rieche & schmiere das öl auf den gaumen
& nöle & schätze die kiemen der drachenköpfe tausendschön
& verknote all die alten nächte, verknote sie zu einer,
zu haaren der möwe & schwimmhäuten, schwarzer schlacke

& es riecht doch eigentlich nur nach fisch hier.

CAROLIN CALLIES wurde 1980 in Mannheim geboren und lebt als Lyrikerin in Ladenburg. Sie absolvierte eine Ausbildung zur Verlagsbuchhändlerin und studierte anschließend Germanistik und Medienwissenschaft in Mannheim. 2015 kam ihr Debütband *fünf sinne & nur ein besteckkasten* heraus. Im selben Jahr erhielt sie den Thaddäus-Troll-Preis sowie das Jahresliteraturstipendium des Landes Baden-Württemberg. Zuletzt erschien 2019 ihr zweiter Gedichtband *schatullen & bredouillen*. Sie arbeitet als freie Literaturveranstalterin (Ladenburger Literaturtage), Moderatorin (Podcast *Flausen* beim Literaturhaus Stuttgart) und als Herausgeberin (*Jahrbuch der Lyrik 2021*).

www.carolin-callies.de

ESSAY

JOSHUA GROSS

Bardo-Stroboskop

Grüne Leguane können sich nicht mehr rühren, wenn die Temperaturen auf 4,5 Grad sinken, weil es ektotherme Tiere sind, deren Körperwärme von den Umweltverhältnissen abhängt. Es kann passieren, dass sie erstarren, von Bäumen stürzen, umher liegen – meistens auf dem Rücken, unfähig, sich gegen sich selbst zu wehren. Das konnte man beispielsweise Ende Januar 2020 in Florida beobachten, als es dort zu einem seltenen Kälteeinbruch kam. Ich habe mir zuletzt immer wieder ein kurzes Video angeschaut, das zeigt, wie ein scheinbar toter Leguan, der ausgeliefert auf dem Asphalt kauert, in der Morgensonne plötzlich zuckt, zuerst die Hinterbeine, dann der lange Schwanz, bevor er sich auf den Bauch rollt, wo er betreten schaut, argwöhnisch beinahe, ob der wieder gewonnenen Fähigkeit, sich bewegen zu können. Was ist das für ein Gefühl, dieses Erstarrtsein? Mir kommt es wie eine monströse Metapher vor, die uns etwas über unsere Gegenwart verraten kann. Ich würde sagen, die grünen Leguane befinden sich, wenn die Kälte reinkickt, immer wieder in dem bardoähnlichen Übergangsbereich, von dem Timothy Morton schreibt: »Im tibetanischen Buddhismus wird die Zeit zwischen dem einen Leben und dem nächsten *Bardo* genannt, das Dazwischen. In diesem Stadium erscheinen dem Bewusstsein eindringliche Bilder aller Art, Bilder, die aus vergangenen Handlungen (Karma) rühren. Wir spüren, dass die Dinge nun anders sind, dass wir uns, was das ökologische Bewusstsein anbelangt, in einem bardoähnlichen Übergangsbereich befinden. Tatsächlich stellen wir aber fest, dass die Dinge verrücken, dass sie nicht gleich bleiben.« Während die Leguane erstarrt sind, verrückt sich die Welt, sie verformt sich und realisiert sich weiter. Auch wir Menschen sind heimgesucht von unseren karmischen Verwicklungen, von unserem Eingebundensein in interplanetare Zusammenhänge. Wir schlurchen umher, gefangen in Kontinuitäten. Aber wie werden wir sein, wenn es uns gelingt, inmitten des Übergangsbereichs wieder beweglicher zu werden? Erstaunt vom Thrill der Empfindsamkeit vielleicht. Oder wie Timothy Morton schreibt: »Denn dieses Gefühl der Offenheit, dieses unheimliche Gefühl, sich irgendwo zu befinden, ohne es gewahr zu werden, vermittelt einen flüchtigen Eindruck davon, wie es ist, weniger unangezweifelt in einer Welt zu leben, in der wir nur einen verschwindend kleinen Teil ausmachen.«

★★★

Es könnte dazu kommen, meinen Astronomen, dass irgendwann mehr Satelliten als Sterne am Nachthimmel zu sehen sein werden. Überfällt uns dann ein kollektiver Schwindel, wenn wir bemerken, wie viel Bewegung im All eigentlich stattfindet?

✶✶✶

Ende April 2020. Ich sitze mit unserer Hovawart-Hündin im Garten von Lisas Eltern, im Schatten von vier Meter hohem Schilf, und gleichzeitig mit dem Kopf in der Abendsonne. Ich trage Jeans und ein dunkelblaues Shirt. Ich hocke barfuß im Gras, im Schneidersitz. Die Hündin liegt vor mir und ich bemühe mich, behutsam ihr Winterfell mit dem Furminator (einer kleinen, feingliedrigen Bürste, die mir Lisas Mutter gegeben hat) herauszukämmen; dabei entsteht elektrische Spannung, das heißt, es knistert leise, wenn ich durch ihr Fell fahre. Die Hündin lässt es geduldig über sich ergehen. Bausch für Bausch ziehe ich aus ihr heraus, schwarze Büschel, teilweise verstaubt, ganz weich und leicht liegen sie in meiner Handfläche. Ich sammle alles auf einem Haufen, der zart auseinandertreibt. Das Schilf rauscht im aufkommenden Wind, der Kirschbaum schiebt sich vor die Sonne, Bienensummen dringt auf uns zu und verflüchtigt sich wieder, oder riesige Fliegen schweben an uns vorbei und die Hündin schnappt nach ihnen, was das Kämmen erschwert, und ich beruhige sie, damit sie ihr Misstrauen aufgibt, plötzlich spüre ich die Sonne auf meinen Unterarmen, auf der Innenseite meines Bizeps, noch gerade so, die schnaufende Hündin vor mir, wie sie in meine Hand, mit der ich sie streichle, hinein atmet beinahe. Ich spüre, dass wir uns im gegenseitigen Vertrauen auf den Sommer vorbereiten; zwei Ketten hängen dabei um meinen Hals, das fühlt sich gut an, eine mit Muscheln und die andere mit einem silbernen Dachs-Anhänger. Ich weiß, dass im Kühlschrank noch Vanillepudding steht. Im Haus läuft Musik von Juicy Gay. Nur ein paar Schritte weiter befindet sich das Kräuterbeet, worin Zitronenmelisse, Minze, Salbei, Estragon, Lauch, Thymian und Oregano wachsen. Bei den Nachbarn läuft der Rasensprenger, ein Fächer aus Wasserstrahlen schwankt schwermütig hin und her. Manchmal empfinde ich hier abends eine seltsame Demut gegenüber dem niedersächsischen Himmel, der mir weiß und magnetisch zu sein scheint. Ein Kanalkäfer krabbelt über meine Zehen. Wir durchleben gerade eine Dürreperiode, Wälder beginnen überall zu brennen. Eigentlich hat es aufgehört zu regnen. Sebastian Stein hat kürzlich geschrieben, er würde vorschlagen, ein Denken anzustreben, durch das »ein möglichst voller, empfindsamer, trippiger Realismus« entsteht.

✶✶✶

Wie funktioniert Schreiben im Übergangsbereich? Eindringliche Bilder erscheinen, stauen sich an, verschwinden, manche taugen als Metaphern, einige könnten beobachtbare Auswirkungen fast undenkbarer Vorgänge sein, andere verweisen auf geheime Landschaften, die es zu kartografieren gilt. Bilder erscheinen als sie selbst, als Botinnen und Boten, als Teile, als Merkmale, als Kondensate, als Ansammlungen, als Zustände, als Talismane, als Geheimnisse. Ich versuche, alles transversal zu durchdringen. Oder: Ich versuche die Bilder halbwegs schlüssig aufeinander folgen zu lassen. Allermeistens entgleiten sie mir oder lassen sich nicht so festhalten, wie es ihnen zusteht. Das ist okay, wenn auch manchmal

ESSAY

frustrierend. Könnte ich beim Schreiben also gleichermaßen ein Archiv anlegen, in dem sich Zustände des Übergangsbereichs ansammeln, wo sich die auf mich eindringenden Bilder in ein von mir kreiertes dramaturgisches System ordnen? Ein System, das sich dadurch bildet, dass ich schreibe, das sich sozusagen von selbst erschafft, nur deshalb, weil ich gewissen Ahnungen nachgehe? Jesse McCarthy notiert zu Trapsongs, sie würden sich materialisieren und dematerialisieren, aus einem Vakuum heraus, sie würden beginnen, sie würden enden, wie Wetter. Das sind u.a. die Bilder, die in der Übergangsphase entstehen. Sie folgen aufeinander, kaugummifarben, glitzernd, leuchtend, und gleichzeitig öffnen sich Portale zwischen verschiedenen Welten.

✳✳✳

Donna Haraway: »Diese Zeiten, Anthropozän genannt, sind die Zeiten einer artenübergreifenden Dringlichkeit, die auch die Menschen umfasst. Es sind Zeiten von Massenaussterben und Ausrottung; von hereinbrechenden Katastrophen, deren unvorhersehbare Besonderheit törichterweise für das schlechthin Nichtwissbare gehalten werden; einer Verweigerung von Wissen und der Kultivierung von Responsabilität; einer Weigerung, sich die kommende Katastrophe rechtzeitig präsent zu machen; Zeiten eines nie da gewesenen Wegschauens.«

✳✳✳

Während ich in der Wiese liege und mein Gaumen manchmal vom Heuschnupfen kitzelt, denke ich an *Thor: The Dark World* und das kosmische Ereignis, das dort als Konvergenz bezeichnet wird; es passiert alle 5 000 Jahre, wenn sich verschiedene Welten genau auf einer Linie befinden. »In dieser Zeit verschwimmen die Übergänge.« Löcher tun sich auf im Zeit-Raum-Kontinuum, Gravitäten verändern sich, alles fließt ineinander über, nähert sich an, überlappt – vielleicht zeigt sich da schon das Schwindelgefühl, das uns immer häufiger befallen wird: weil wir nicht mehr Wegschauen können, selbst wenn wir es versuchen. Verschiedenste Bilder, die zusammenfallen und unkontrollierbar auftauchen, die uns bestürzen. Wir glauben, die Konvergenz geht vorüber, aber das stimmt nicht. Vielleicht gelingt es uns, sie auszublenden. Aber nichts verschließt sich dabei, schätze ich, außer der menschlichen Psyche. Außerdem lässt sich das Szenario der Konvergenz vielleicht selbst als Metapher beschreiben, die uns aufzeigt, wie fragil und unwirklich Abgrenzungsversuche sind, wie sich die Welt anfühlen könnte für erstarrte Leguane.

✳✳✳

McKenzie Wark: »The present of our present still needs to be written.«

✳✳✳

In einer Rede, die Oliver Vogel im Jahr 2016 auf der Trauerfeier für Roger Willemsen hielt, sagte er: »Die Wirklichkeit ist schwach, sie kann sich nicht ausdrücken.« Das ist m.E. ein maßgeblicher, unerschöpflicher Gedanke, der mich ermahnt und verantwortlich macht. Die Wirklichkeit ist schwach, ich muss mich ihrer annehmen. Ich muss üben, sie möglichst umfassend wahrzunehmen, ohne mich selbst für unabdingbar zu halten. Ich existiere in einer kaputten Welt und wir Menschen haben es offenbar trainiert, diese Kaputtheit in uns selbst zu manifestieren. Donna Haraway kritisiert, dass das Mythensystem, das rund um das Anthropozän herum erzählt wird, abgekartet sei und alle Geschichten darauf ausgelegt, schlecht auszugehen: »Eine Revolte braucht andere Aktionsformen und andere Geschichten des Trostes, der Inspiration, der Wirksamkeit.« Selbstgerechtigkeit ist vorbei, Planlosigkeit beginnt. Das kann bedeuten, im Bett zu liegen und stundenlang dem Diffusor zuzuhören, wie er aus der Zimmerecke heraus ätherische Öle vernebelt, Zirbelkiefer beispielsweise, dazu das elektrische, ultimative, leise ratternde Vibrieren, von dem eine Genügsamkeit ausgeht, die immerzu in alles hineinwirkt, in die Möbel, in die Moleküle, außerdem ambient lights, ultraviolette Atmosphäre überall. Die Zimmerpalmen sind energetisch, durchzogen von einem feinen, verflochtenen System, das Wasser bis in die Spitzen ihrer Blätter führt. Das ist Wirksamkeit.

***

In den *Philosophischen Untersuchungen* fragt Wittgenstein: »Wie kann ich denn mit der Sprache noch zwischen die Schmerzäußerung und den Schmerz treten wollen?« Ich frage mich, wie ich damit aufhören soll, genau das zu versuchen. Was sonst könnte Trost bereiten?

***

Anzuerkennen, dass es unsere eigenen Bilder sind, die immerzu auf uns einstürzen, im unmittelbaren Bardo-Stroboskop, bedeutet auch, uns darin zu üben, hinzuschauen und die Weigerungen bezüglich unserer Verstrickungen aufzugeben. Was wir tun, ist Zusammensein. Im Sinne von Terence McKenna: »Wir operierten in einer Welt, wo wissenschaftliche Methode, Ritual und participation mystique nicht mehr voneinander zu trennen waren.« Wir, das ist gerade der menschliche und nichtmenschliche Verbund, der aus Lisa, Lotti, der Hündin, mir und vielen kleinen Kriechtieren besteht. Wir tanzen, denken und leiden gemeinsam, wir befinden uns in irreduzibler Annäherung, jeden Tag. Wir selbst sind es, die nicht gleich bleiben, inmitten der andauernd verrückenden Zusammenhänge. Davon möchte ich erzählen, in einem möglichst vollen, empfindsamen, trippigen Realismus.

 JOSHUA GROSS, geboren 1989 in Grünsberg, studierte Politikwissenschaft, Ökonomie und Ethik der Textkulturen in Erlangen. Für seine literarische Arbeit erhielt er verschiedene Stipendien und Preise, beispielsweise den Kulturpreis Erlangen (2016), das Stipendium der Roger-Willemsen-Stiftung (2018) und zuletzt den Anna Seghers-Preis (2019). In diesem Jahr erschien sein Roman *Flexen in Miami*.

NICO BLEUTGE

das flattern im brustbein. die findlinge kommen von unten
bis an die hände heran, zerdunkelte spannen
dreimal im sand und die spitze zerschilfert

was sie an spuren entdecken kann.
                              wir haben den ort verloren
der unter wasser steht

die bagger durchwühlen die luftige erde
ein leuchten im mergel
        das war nur ein traum

ein leuchten im wasser, das war nur ein räumen
        die schauen tief in den graben rein
warten auf, was sich verkehrt: die schlacken, die steine, das aus-

gebrannte erz. zähne, gedanken, läßt sich was rückwärts
erschließen. läßt sich was kosten, ein nagel
aus silber in

die erde schlagen? nun? wolteritz, vika,
lössen. die orte drehen sich ein. und find' sich im wasser
wie eingelegt, -gelagert, dreihundert ellen unterm stein

LYRIK

und drüben bleiben, lethe
und blüte, kein beistrich zwischen
den klappen kein knien was
kappt sich im rutschen im kippen
von *dut* zu *mut* das fließen,
vergessen ist nichts, aus den fremden
knospen. ein wort wie rusta,
paste, wie mistral. die muskatnuß
ist nicht die blüte. wer ist schale,
wer ist hand. immer etwas
zu viel, im drehen von zinken,
gedanken, einmal gefehlt. mantel
als blüte, same als nuß. *myn hertz
ist gantzer listen vol.* läßt sich
nicht strecken. pulverisiert, in
streifen, ohne sicht. die nelke spüren,
honig. die lücke, zwischen strang
und strich. die knochen sprechen dich

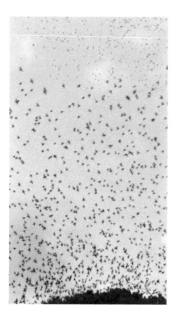

NICO BLEUTGE, geboren 1972 in München, lebt in Berlin. Er arbeitet als Lyriker, Essayist und Literaturkritiker. Zuletzt erschienen der Gedichtband *nachts leuchten die schiffe* (2017) und der Essayband *Drei Fliegen* (2020). 2017 erhielt er den Kranichsteiner Literaturpreis und 2018/19 das Stipendium der Deutschen Akademie Rom Villa Massimo.

INTERVIEW

HELMUTH TRISCHLER

5 Fragen – 5 Antworten

allmende:
Sie sind in der Museumsleitung des Deutschen Museums München für den Bereich Forschung verantwortlich und kuratierten die Sonderausstellung »Willkommen im Anthropozän. Unsere Verantwortung für die Zukunft der Erde« (2014-2016) im Deutschen Museum. Welche Fragen und Erkenntnisse – auch für Sie persönlich – hat die Arbeit an der Umsetzung einer solchen komplexen Ausstellung gebracht?

Helmuth Trischler:
Unsere erste und wichtigste Frage war die, ob die Besucherinnen und Besucher eines klassischen Wissenschafts- und Technikmuseums sich auf ein so komplexes, noch dazu nur sehr wenigen vertrautes Thema einlassen würden – als wir 2012 eine Besucherbefragung unternahmen, gaben nur gerade 14 Prozent an, dem Begriff Anthropozän jemals begegnet zu sein. Die Abstimmung mit den Füßen ergab dann einen überwältigenden Zuspruch – die Ausstellung war die bis dato erfolgreichste, die wir jemals hatten. Nach einer intensiven Evaluation lassen sich zwei Gründe dafür nennen: Erstens brennt vielen Menschen das Thema unserer Verantwortung für die Zukunft der Erde unter den Nägeln und sie suchen nach Antworten, wie sie individuell – und wir als Gesellschaft kollektiv – dieser Verantwortung gerecht werden können.

Zweitens ist es der Ansatz, die Besucher*innen partizipativ in die Suche nach Antworten einzubinden, wie wir mit unserer planetaren Verantwortung umgehen sollten, als Menschheit ein geologisch-biologischer Akteur geworden zu sein.

Als Historiker treibt mich persönlich die Frage nach den neuen Temporalitäten um, die aus der Verbindung von geologischen und historischen Zeitdimensionen resultieren und welche neuen Narrative daraus resultieren.

allmende:
Es gibt keinen Ort mehr ohne »kulturelle« Spuren auf diesem Erdball. Angesichts der Coronna-Pandemie: Inwiefern hat der Mensch die Kontrolle über die Natur verloren?

Helmuth Trischler:
Die Corona-Pandemie führt uns einmal mehr in aller Deutlichkeit vor Augen, dass wir diese Kontrolle nie gehabt haben. Man könnte die Moderne als ein einziges Streben der Menschheit danach fassen, die vollständige Kontrolle über die Natur zu gewinnen. Aber hier gilt, was der Wissen-

schaftsphilosoph Bruno Latour mit der berühmten Formel auf den Punkt gebracht hat: Wir sind niemals modern gewesen. Soll heißen: Wir haben nie die volle Kontrolle über die Natur besessen. Zudem demonstriert uns das Corona-Virus einmal mehr die anthropozäne Lehre von dem Verschwimmen der Grenzen zwischen Natur und Kultur, Umwelt und Gesellschaft. Wir Menschen stehen nicht über der Natur, sondern wir sind ein Teil davon, und umgekehrt hat die Natur Handlungsmacht – eine gewaltige Handlungsmacht, wie wir in diesen Wochen und Monaten erleben.

allmende:
Wie könnten wir den Fußabdruck des Menschen auf der Erde neu fassen? Lernen wir aus der Corona-Krise?

Helmuth Trischler:
Krisen wirken häufig als Katalysatoren gesellschaftlichen Wandels. So fundamentale Krisen, wie wir sie derzeit erleben, führen nachgerade unausweichlich zu Prozessen des Wandels. Es steht freilich zu erwarten, dass unterschiedliche Staaten bzw. Nationen unterschiedliche Lehren aus der Krise ziehen werden – und manche dieser Lehren werden in ganz verschiedene, wenn nicht gar gegenläufige Richtungen weisen. Ob sich die Menschheit auf globale, gar planetare Lehren verständigen kann, muss vorläufig dahingestellt bleiben. Wir, die wir in den Environmental Humanities arbeiten, könnten uns gewiss zum allergrößten Teil auf mindestens zwei zentrale Lehren verständigen.

Erstens: Wir brauchen eine veränderte Mensch-Tier-Ethik, die uns Menschen nicht über den Tieren stehen lässt, sondern

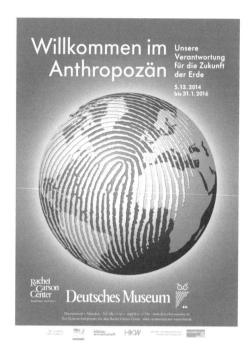

Plakat zur Ausstellung »Willkommen im Anthropozän! Unsere Verantwortung für die Zukunft der Erde« (2014-2016)

als Teil der Tierwelt ausweist und, daraus abgeleitet, uns die Verantwortung vor Augen führt, den rasanten Verlust an Biodiversität, das Sechste Massensterben der Arten, zu stoppen.

Zweitens: Wir brauchen mehr globale Umweltgerechtigkeit. Es nützt wenig, wenn wir im Globalen Norden uns abschotten, und uns aus dem Set an ebenso gutgemeinten wie wohlfeilen Nachhaltigkeitzielen (Sustainable Development Goals) das eine oder andere zu realisierende Ziel heraussuchen, sich gleichzeitig aber die Schere zum Globalen Süden weiter öffnet. Ein Höchstmaß an globaler Umweltgerechtigkeit hilft auch uns, die wir das Glück haben, im Globalen Norden zu leben, planetare Krisen wie Klimawandel, Biodiversitätsverlust und

INTERVIEW

Pandemien besser zu »managen«, als wir es bis heute vermocht haben.

allmende:
Leben wir im Übergang vom Anthropozän zu einem noch unbestimmten Novozän? Was halten Sie für die größte Zukunftsherausforderung angesichts des Verschwimmens der Grenzen von Natur, Kultur, Umwelt und Gesellschaft?

Helmuth Trischler:
Aus stratigraphischer Sicht hat das Anthropozän – wenn sich die Geowissenschaften am Ende des laufenden Überprüfungsprozesses auf die Existenz eines neuen Erdzeitalter einigen sollten – gerade einmal vor einem guten halben Jahrhundert begonnen. Und auch das Holozän, das bis dahin die erdgeschichtliche Epoche markiert, in der wir leben, ist nur gerade 11.700 Jahre alt – ein Wimpernschlag für Geowissenschaftler*innen, die üblicherweise in Jahrmillionen rechnen. Es spricht also wenig dafür, bereits wieder ein neues Erdzeitalter auszurufen. Vielmehr sollten wir uns darauf einrichten, die gewaltigen Herausforderungen des Anthropozäns zu bewältigen, mit anderen Worten uns der vollen Konsequenz der Tatsache bewusst zu werden, dass die Menschheit ein geologischer und biologischer Faktor geworden ist. Die größten habe ich bereits erwähnt: Klimawandel, Artenschutz, planetare Umweltgerechtigkeit. Vieles spricht dafür, dass uns dies nur gelingen kann, wenn wir erstens die Art und Weise, wie wir Wirtschaft und Gesellschaft organisiert haben – das vielzitierte Kapitalozän –, kreativ verändern. Die Corona-Krise mag uns Anlass dazu geben und neue Wege aufzeigen, wie das gelingen kann. Ein wichtiger Beitrag dazu könnte, zweitens, jene »ökologische Revolution des Rechts« sein, für die der Münchner Verwaltungsrechtswissenschaftler Jens Kersten (und viele andere) plädiert. Südamerikanische Staaten wie Ecuador sind uns da schon einen großen Schritt voraus, in dem sie die Natur als Rechtssubjekt verfassungsrechtlich anerkannt haben.

allmende:
In dem Kontext der Ausstellung ist auch eine Lyrik-Anthologie erschienen: *All dies hier, Majestät, ist Deins – Lyrik im Anthropozän*, herausgegeben von Anja Bayer und Daniela Seel. Wie sehen Sie angesichts der Krise die Rolle und Funktion der Literatur? Inwiefern verändert sich das Selbstverständnis von Literatur und Kultur?

Helmuth Trischler:
Im Begleitprogramm zur Ausstellung hielten wir 2015 am Welttag der Poesie (21. März) in Kooperation mit dem Lyrik Kabinett München eine Lesung von anthropozänen Gedichten ab, aus der heraus in einer sehr schönen Zusammenarbeit mit Daniela Seel, der Verlagsleiterin von kookbooks, die Lyrik-Anthologie hervorging. Diese Kooperation hat mir einmal mehr bewiesen, dass die Literatur über ein feines Sensorium für gesellschaftliche Veränderungsprozesse verfügt und diese mit dem fassen kann, was den Menschen ausmacht: Sprache.

Zudem: Wenn es in den boomenden Environmental Humanities ein Feld gibt, das sich besonders früh und besonders intensiv auf die Anthropozän-Debatte eingelassen hat, dann sind es die Literaturwissenschaften. Es ist gar ein neues Feld entstanden, der Ecocriticism, der das ökologische Potenzial von Literatur und Film, Kunst und Kultur interdisziplinär und vergleichend auslotet. Aus hier zeigt sich das anthropozäne Verschwimmen der Grenzen, in diesem Falle disziplinärer Grenzen. Der international florierende Ecocriticism ist eine schöne Erfolgsgeschichte, und der schlagende Beweis für die gesellschaftliche Relevanz und das Innovationspotential der Geistes- und Kulturwissenschaften.

HELMUTH TRISCHLER, geboren 1958 in Ulm, ist seit 1993 Forschungsdirektor des Deutschen Museums München. Er studierte Geschichte und Germanistik in München und wurde an der Ludwig-Maximilians-Universität München promoviert. 1991 wurde er mit einer Arbeit über *Luft- und Raumfahrtforschung in Deutschland 1900–1970: Politische Geschichte einer Wissenschaft* habilitiert. Seit 1997 ist er Professor für Neuere und Neueste Geschichte sowie Technikgeschichte an der Ludwig-Maximilians-Universität München und seit 2009 auch Direktor des Rachel Carson Center for Environment and Society. 2018 wurde er zum Mitglied der Deutschen Akademie der Naturforscher Leopoldina gewählt und 2019 zum Mitglied der Deutschen Akademie der Technikwissenschaften.

www.deutsches-museum.de

ESSAY

PETER WEIBEL

VIRUS, VIRALITÄT, VIRTUALITÄT
Oder: das Corona-Virus, der Leviathan der Nahgesellschaft

Die geschlossene Gesellschaft, zu der wir verdammt sind, öffnet unsere Köpfe. Sie lässt uns begreifen: Unsere Systeme sind fragiler, als wir jemals dachten. Gerade entsteht die erste Ferngesellschaft der Menschheitsgeschichte. Die Massenmobilität kommt an ihr Ende. Der Globalisierung geht die Luft aus. Und: Die Telegesellschaft wird Wirklichkeit.

Das Theaterstück der Stunde stammt von Jean-Paul Sartre und wurde 1944 unter dem Titel *Huis clos* (*Geschlossene Gesellschaft*) uraufgeführt. Drei Menschen befinden sich nach ihrem Tod in der Hölle. Sie haben Ausgangssperre, darin besteht die Folter. Sie sind in einem kleinen Raum zusammen eingeschlossen, den sie nicht verlassen können, und sind ständig den Blicken der anderen ausgesetzt. Die berühmte Botschaft des Stückes lautet demzufolge »Die Hölle sind die anderen.«

Die anderen sind heute die Infizierten. Sie sind die Vorboten der Hölle, der Krankheit, des Todes. Sie sind diejenigen, vor denen wir uns vermeintlich schützen, von denen wir Abstand nehmen müssen.

Heute würde das Drama den Titel *Shutdown* tragen, denn ganz Europa befindet sich im Shutdown. In New York herrscht wegen der Anordnung, zu Hause zu bleiben, »shelter in place«, Bunkerstimmung. Das Wort »wohnhaft« enthüllt in der Corona-Krise seine eigentliche Bedeutung, nämlich, in seiner eigenen Wohnung in Haft zu sein. Infizierte werden zu Internierten und zu Inhaftierten in Insolationshaft. Im eigenen Appartement (im gesonderten Einzelzimmer, ital. *appartare* »absondern, trennen«) zu bleiben, heißt *à part*, am Rande zu sein, draußen zu sein, ausgeschlossen zu sein. Was für ein Paradox, vom öffentlichen und sozialen Leben ausgeschlossen zu sein, indem wir in unseren Wohnungen, in Haus und Hof eingeschlossen werden. Wir leben in geschlossenen Räumen, eingesperrt in einer geschlossenen Gesellschaft – wie nach dem Tod, eben unter Ausgangssperre.

Das System ist fragil

Doch es ist auch die Stunde der Medientheorie. Von William S. Burroughs bis Jean Baudrillard haben Theoretiker bereits vor Jahren die Wirksamkeit der Massenmedien über virologische Metaphern zu fassen versucht. Burroughs behauptet sogar: »Language is a virus from outer space«, also bereits die Sprache, das erste Kommunikationsmedium, sei ein Virus. Baudrillard wurde nicht müde, in zahlreichen Essays über Viralität, Videowelt und Virulenz die Ausbreitung von Information als ansteckend zu charakterisieren und vor diesen viralen Massenmedien zu warnen.

Hätten die Regierenden die Systemtheorien beachtet, wüssten sie, dass ein System umso fragiler wird, je komplexer es ist. Die Chaostheorie weist darauf hin, dass der Flügelschlag eines Schmetterlings in Brasilien einen Tornado in Texas auslösen kann (Edward Lorenz, 1961). Ein bis zwei Infizierte in der Millionenstadt Wuhan lösen eine planetarische Pandemie aus. Minimale Abweichungen von Anfangsbedingungen können zu einer Katastrophe des Systems führen, ja sogar zu einem Kollaps. Das ist genau die Wirkungsweise von Viren, von Computerviren bis Viren der Natur, mit ihren systemdestabilisierenden Effekten. Sie attackieren sowohl den genetischen wie den informationellen Code. Weil sie hyperfunktional sind, verbreiten sie sich in den beschleunigten Zirkulationen der globalen Systeme rasant und erzeugen Katastrophen. Das Virus macht – metaphorisch gesprochen und positiv gewendet – die Lücken, die Mängel, die Defekte eines Systems sichtbar. Das Virus demarkiert. Wie William S. Burroughs schrieb, die Drogennadel sticht in eine Lücke.

Von *Defekten Demokratien* (Wolfgang Merkel, Hans-Jürgen Puhle et al., 2003, 2006) bis zu defekten Verkehrs- und Gesundheitssystemen erleben wir Lücken, Verspätungen, Verfehlungen, Versagen. Das Gesundheitssystem wurde buchstäblich zu Tode gespart – zu gering die Zahl an Personal und Betten, zu niedrig die Gehälter.

Bescheidene 23 000 Intensivbetten stehen für 80 Millionen Deutsche zur Verfügung. Nun produziert dieses System in der Tat Tote. Das Virus muss so rasch und brutal wie möglich eingedämmt werden, nicht nur um der Kranken willen, sondern auch, um das Versagen ökonomischer und politischer Regime zu vertuschen, das trotz allen Signalen über Jahrzehnte hinweg verschleiert werden konnte, von den wiederkehrenden Finanz- und Migrationskrisen bis zur Pflege- und Klimakrise. Das ist das gefährliche Potential des Virus. Darin liegt seine Systemsubversion, die zu einem kompletten Shutdown des Systems führte.

Die Medien sind auch viral
In den sozialen Netzwerken macht man gerade die erste Infodemie aus, denn nun trifft ein echtes Virus auf die Viralität der Medien. Die Medien verstärken die Effekte des realen Virus exponentiell, denn sie bilden einen Echoraum, einen Resonanzraum, der die Wirkung des Virus vervielfacht.

Das Virus verbreitet sich blitzschnell, doch ebenso rasend verbreiten sich die Meldungen über das Virus. Mit dem realen exponentiellen Wachstum des Virus korrespondiert das virtuelle exponentielle Wachstum der Effekte des Virus in den Massenmedien. Täglich wird jeder einzelne Infizierte oder Tote hochgerechnet. Uns erreichen Meldungen, dass CDU-Kanzlerkandidat Friedrich Merz oder US-Schauspieler Tom Hanks und Ehefrau infiziert seien.

Würden wir bei jeder Grippeerkrankung ebenso verfahren, wären die Kommunikations-Highways nicht breit genug, um die Informationen über stündliche Erkrankungs- und Todesfälle zu verbreiten.

ESSAY

Würden wir Grippefälle so häufig melden wie die Corona-Fälle, herrschte eine Panik, die in ihrem Ausmaß so gefährlich sein könnte wie das Virus selbst. Die Pandemie wird medial zur Panik verstärkt. Wenn die Zahlen stimmen, so gibt es jährlich global 500 Millionen an Grippe erkrankte Menschen. Davon sterben angeblich jedes Jahr zwischen 290 000 und 650 000 Menschen an den Folgen einer Grippe. Zum Vergleich: Durch das COVID-19 verursachende Virus gibt es über 400 000 Tote (Stand 9. Juni 2020) weltweit.

Die weitere Entwicklung der Pandemie kann nicht mit definitiver Sicherheit vorhergesagt werden. Ob die Situation bereits schlimm genug ist, ob sie noch schlimmer wird oder ob sie weniger schlimm sein wird, wissen wir nicht. Daher können wir uns im Moment auch mit der Zeit nach der Krise beschäftigen und die tieferen Ursachen, Symptome und Probleme dieser Corona-Krise befragen.

Exzessive, flächen- und zeitdeckende Medienberichte können einen Sturm über Europa entfesseln. Ganze Städte, Nationen, Kontinente werden interniert, zwangsisoliert und inhaftiert. Der Ausnahmezustand, wie eine Ausgangssperre, wird zum Normalzustand, da die Bevölkerung durch Angst in Schach bzw. gefangen gehalten wird.

In einem weiteren Drama Sartres, *Die Fliegen* (*Les Mouches*, 1943), beendet Oreste das Schreckensregime des Mörders Egisthe, der mit dem Mittel der Angsterzeugung herrschte, die durch die Fliegenplage symbolisiert wird. Oreste beseitigt die Fliegenplage und befreit somit die Menschen von der Angst, denn Macht basiert darauf, dass die Menschen nicht wissen, dass sie eigentlich frei sind. Daher sind Phobokratie und Plagen seit ägyptischen Tagen ein wirksames Herrschaftsinstrument.

Nun ist aber das Virus aufgetaucht, das Monster, der Leviathan der Nahgesellschaft. Als Leviathan bezeichnet Hobbes in seinem Buch *Leviathan* (1651), das die moderne Staatstheorie begründet, ein gigantisches See-Ungeheuer, das den Menschen Angst einflößt und einflößen soll. Auf diesem Floß der Angst treibt der moderne Staat noch immer. Herrschaft durch Angst, Phobokratie, gilt heute wie damals. Das Virus ist ein klassischer Fall der Nahgesellschaft, in der die Botschaft mittels Boten übertragen wird. Ein Briefträger heißt so, weil er einen Brief trägt. Sein Körper trägt ihn und bringt ihn zu einem anderen Körper. Der Briefträger ist der Bote, der Brief die Botschaft. Wie ein Briefträger überträgt das Virus seine Botschaft durch den Körper. Das Virus braucht einen Wirt, den Körper, und diffundiert von Körper zu Körper. Deswegen heißt Abstand der neue Anstand: social distancing. Nun ist es aber so, dass sich in der motorisierten globalen Massengesellschaft die Körper extrem von einem Ort zum andern bewegen. Die maschinell beschleunigte Motorik der Körper auf Reisen bedeutet eine Explosion der Nahgesellschaft in globalem Ausmaß. In der globalen Nahgesellschaft reisen nicht Botschaften, sondern Boten, das heißt Körper, die das Virus exponentiell übertragen, eben wie Briefträger. Die maschinenbasierte Gesellschaft ist immer noch eine Nahgesellschaft, in der eine Infektionskette sich blitzschnell von Körper zu Körper global ausbreitet. Weil eben so viele Körper im Zeitalter der materiellen

ESSAY

Massenmobilität so viel reisen, kann sich das Virus weltweit ausdehnen. Und damit verbreitet das Virus global Angst und Schrecken.

Die Massenmobilität ist vorbei
In meinen Schriften der 1980er-Jahre – *Die Beschleunigung der Bilder* (1987) und *Vom Verschwinden der Ferne* (1990) – habe ich die These aufgestellt, dass das 19. Jahrhundert nicht nur die industrielle Revolution hervorgebracht hat, sondern auch die eben so entscheidende Telekommunikation. Die industrielle Revolution war maschinenbasiert und auf Radtechnologie aufgebaut. Rollende Räder (Züge, Autos, Fahrräder, Flugzeuge) haben eine beschleunigte Mobilität der Körper und Güter hervorgebracht. Diese massive materielle Mobilität verführte die Menschheit zu fatalen Strategien.

Die Autobahnen werden offensichtlich zu Sackgassen, zu Strecken des Staus und Stillstands. Der Massenverkehr und -tourismus mit Zug, Flugzeug und Auto haben zu Verwüstungen der Landschaften und Verseuchungen der Meere geführt. Man hat die etymologische Verwandtschaft der gigantischen Kreuzfahrtschiffe, der schwimmenden Städte, der Cruise Liner, mit den Marschflugkörpern, genannt Cruise Missiles, übersehen.

Diese Schiffe sind Raketen. Die Urlaubsindustrie ist nichts anderes als ein Krieg gegen die Natur. Nun zwingt uns die Natur in Form eines Virus, diesen Krieg zu beenden, die exzessive Massenmobilität zu stoppen, zumindest vorübergehend. Flugzeuge bleiben am Boden, Schiffe im Hafen, Hotels und Geschäfte geschlossen, die Menschen zu Hause eingeschlossen.

Denn nun wird gesagt: STOP – bitte Abstand nehmen, STOP – bitte Nähe vermeiden, STOP – haltet Distanzen ein. Nähe wird verboten, Ferne eingefordert. Ist das nicht das Ende der Nahgesellschaft? Die Globalisierung hat uns eine grenzenlose Welt versprochen. Doch nun reisen wir nicht mehr um die Welt, sondern nur mehr im eigenen Zimmer, wie vor 200 Jahren. (Xavier de Maistre, *Voyage autour de ma chambre*, 1794). Die Grenze wird so eng wie möglich gezogen. Die Grenze beginnt vor dem Haus oder in der Wohnung. Die Menschen dürfen sich als Körper nicht mehr bewegen und nicht mehr begegnen. Sie befinden sich in wohnhaft. Das ist die Verkündigung des Endes der analogen Nahgesellschaft. Die analoge Globalisierung ist am Ende, denn sie hat zu einem Shutdown globalen Ausmaßes geführt. Statt *Rasendem Stillstand* (Paul Virilio, *L'Inertie polaire*, 1990; dt. 1992) herrscht Stillstand der Raserei. Die Körper werden zur Immobilität gezwungen. In der analogen Welt gibt es jetzt global eine Bewegungssperre der Körper, eine Gehsperre, eine Ausgangssperre. Doch in der Nahgesellschaft brauchen wir den Körper des Boten für die Kommunikation von Botschaften. Es gäbe also im Moment keine Kommunikation. Doch die Kommunikation lebt – dank der körperlosen Fernkommunikation. Deswegen leben wir im Augenblick mehr in der Ferngesellschaft, die auf digitaler Technologie beruht, als in der Nahgesellschaft.

Da Körper im Zeitalter der Corona-Krise voneinander getrennt bleiben müssen, um Ansteckung zu vermeiden, gäbe es im Moment keine Kommunikation und keine Gemeinschaft. Nun können endlich

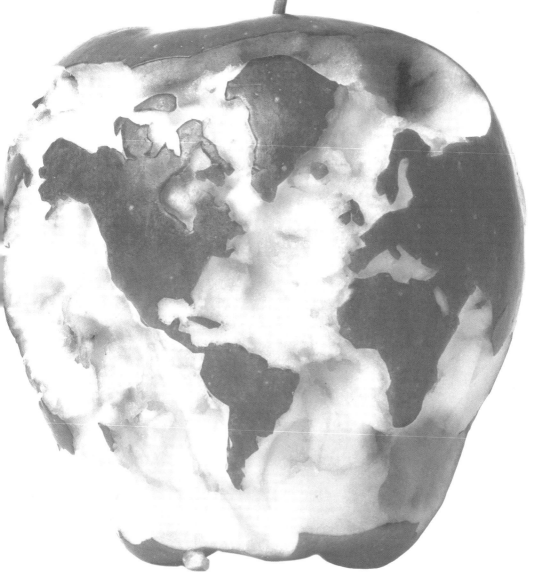

CRITICAL ZONES
HORIZONTE EINER NEUEN ERDPOLITIK

24.07.2020 – 28.02.2021
Ab sofort schon auf der virtuellen Plattform CRITICAL-ZONES.ZKM.DE

zkm karlsruhe

die digitalen Technologien der Ferngesellschaft auftreten, die wir seit Jahrzehnten benutzen, um die Reste der Nahgesellschaft zu retten. Man sieht sich noch, man hört sich noch, man liest sich noch, zumindest per Internet, per Skype, per E-Mail, per Mobiltelefon etc. Ohne Ferntechnologien gäbe es überhaupt keine Nähe mehr. Die sozialen Bedürfnisse nach Nähe bleiben partiell erhalten, weil wir eben im Zeitalter der digitalen Technologien leben und deswegen noch kommunizieren können. Wir treten nun endgültig in die digitale Welt ein, in eine neue Form der Nähe, in die symbolische, zeichen- und nicht körperbasierte Nähe. Würden wir nur in der Nahgesellschaft leben, gäbe es keine Kontakte und keine Kommunikation zwischen Menschen mehr. Also beginnt nun das Zeitalter der Ferngesellschaft, die auf digitalen Technologien der Fernkommunikation basiert. Das wird klarerweise die Gesellschaft langfristig radikal verändern.

Neben der immateriellen Mobilität von Zeichen, diesem Online-Universum, hat sich eine gigantische materielle Mobilität von Körpern entwickelt. Diese Massenmobilität, von der Tourismus- bis zur Freizeitindustrie, sind für mich einer der Gründe der Klimakrise und auch der Corona-Krise. Man hat die Sehnsucht der Menschen nach Nähe ausgenützt und durch deren Kommerzialisierung und Industrialisierung eine lokale Massengesellschaft erzeugt. Die Ferngesellschaft hingegen ermöglicht eine nicht lokale, dezentrale, distribuierte Masse, z. B. vor dem Bildschirm.

Die Masse ist ein Produkt der Nahgesellschaft. Deswegen werden wir die bisherige Massengesellschaft mit ihren Auswüchsen, welche den Planeten Erde unbewohnbar zu machen droht, in eine neue Form von Gesellschaft, einer Vielzahl der Einzelnen, transformieren müssen. Das Virus zwingt uns dazu, die Massenmobilität zu beenden. Das ist das große soziale Experiment, das wir gerade erleben. Wir werden unsere Wirtschaftslogik und unsere Kultur neu überdenken müssen. Ein kulturelles Beispiel: Früher ging man ins Kino, saß in einer lokalen Masse, die instrumentalisiert wurde zur Quote. Dann saßen viele, viele Menschen vor den Fernsehapparaten, eine nicht lokale Masse, und heute kann jeder Einzelne per Netflix zuhause oder unterwegs Filme sehen und aus den Millionen von YouTube-Musikstücken und -Filmen auswählen oder auch gespeicherte Texte online abrufen. Wir leben also zunehmend in einem Online-Universum, in dem der Zugang personalisiert ist und nicht mehr an eine Masse gebunden ist. Filme konnten wir früher im Kinosaal nur unter dem Preis der Massenbildung und der Quote sehen. In einem Provinzkino konnten wir nur die Filme sehen, die einen massenhaften Erfolg versprachen. Wir konnten wenige Kunstfilme sehen. Heute kann jeder auf dem Smartphone sich sein Programm selbst zusammenstellen, völlig unabhängig von der Masse.

Die Nahgesellschaft kommt an ihr Ende

Die Nahgesellschaft ist eine Kommunikationsform, bei der die Botschaft zur Übertragung einen Boten braucht, genauer gesagt, den Körper eines Boten. Bis zur Mitte des 19. Jahrhunderts konnte Fernkommunikation, das heißt die Übermittlung von Botschaften über eine räumliche Distanz, nur mit einem Botenkörper verwirklicht werden, sei es ein Mensch, eine Taube, ein Pferd, eine Kutsche, ein Fahrrad, ein Auto, ein Flugzeug etc. Auch auf den Pferden und an den Maschinen sitzen ja Menschenkörper.

Mit der Erfindung der Telegrafie begann die Separation von Bote und Botschaft. Erstmals konnten Botschaften ohne Boten, das heißt ohne Körper, übermittelt werden. Die Zeichen, die Signale, reisten als Morsecode alleine. Sender und Empfänger konnten kommunizieren, ohne ihre Körper zu bewegen. Die Boten blieben an ihrem Ort und die Botschaften reisten ohne sie.

Im 20. Jahrhundert haben wir eine gigantische Industrie, von Telefon bis Television, erfunden, um die Ferne (griech. *-tele*) körperlos zu überwinden. Töne, Texte, Bilder werden in Daten (Zeichen, Symbole, Signale, Zahlen) verwandelt und drahtlos per elektromagnetischer Wellen übermittelt. Wir leben seit 100 Jahren in einer Gesellschaft, in der Menschen ihre Körper nicht bewegen müssen, sich also nicht nahe kommen, aber trotzdem miteinander kommunizieren können. Seit dem Personal-Computer (ab 1980) und dem Internet (ab 1990) ist diese Kommunikationsform in weiten Teilen der Welt dominierend geworden. Im 21. Jahrhundert leben wir einerseits noch in der Nahgesellschaft, sogar mehr denn je, weil die motorisierte Massenmobilität sich intensiviert hat. Aber andererseits leben wir auch mehr denn je in einer Ferngesellschaft, die auf der körper- und botenlosen ferntechnologischen Kommunikation aufgebaut ist. Für die postindustrielle medienbasierte Revolution, die für das 21. Jahrhundert entscheidend ist, gilt die Trennung von Bote und Botschaft.

Wir leben im Nahraum der Nahversorgung und des Nahverkehrs, aber gleichzeitig im Fernraum des Fernsehens, Fernhörens, Fernlesens etc. Zur lokalen, ortsgebundenen Masse der Nahgesellschaft addiert sich eine nicht lokale Massen, die verteilt, dezentral vor ihren Sende- und Empfängerstationen sitzen.

Diese kabelhafte Telekommunikation (Telegrafie, Telefonie, Telefax) wurde, nach der Entdeckung der elektromagnetischen Wellen, im 20. Jahrhundert zu einer drahtlosen Kommunikation (Radio, Television) umgebaut, zu einer den Globus umhüllenden Infosphäre.

Wir leben seit mehr als hundert Jahren in einer telekommunikativen Ferngesellschaft, aber die Welt hat diesen Wechsel noch nicht vollständig vollzogen.

Atavistische Stammesrituale der Nahgesellschaft existieren parallel zur virtuellen Ferngesellschaft. Materielle Mobilität der Körper und Maschinen existiert parallel zur immateriellen Mobilität der Signale und Medien. Dadurch sieht unsere Gesellschaft so aus wie die Automobile der Jahrhundertwende, deren Design Pferdefuhrwerken glich. Die Designer haben am Anfang nicht begriffen, dass die Autos von selbst fahren, und haben noch immer an den Körper des Boten, an das Pferd, gedacht und folglich das Auto ähnlich einer Kutsche gebaut.

Vergleichbares geschieht heute und liefert die Grundlagen der Pandemie, der Ansteckungsgefahr aller, wie das griechische *pan-* bereits sagt. Die Menschen, lokale Kollektive, Horden und Herden weiden an Stränden, auf Wiesen und Rasen in Stadien, um einem Rockkonzert oder Fußballspiel beizuwohnen. Doch die Spiele und Konzerte dienen im Grunde nicht dem lo-

ESSAY

kalen Massenpublikum, sondern den nicht lokalen Massen, dem virtuellen Publikum, das dezentralisiert weltweit vor TV-Geräten und Tablets sitzt. Das Publikum der Nahgesellschaft im Stadion dient als pittoreske Kulisse für die nicht lokale, virtuelle Ferngesellschaft zu Hause.

Gäste diskutieren in Talkshows mit der Moderatorin eigentlich für das virtuelle TV-Publikum, doch benötigen sie als Staffage eine Gruppe lokaler Claqueure. Diese Agglutinationen, Verklumpungen von Körpern in der lokalen Massengesellschaft, von der Stadionunterhaltung bis zu den Strandurlauben, sind obsolete Rituale der Nahgesellschaft und mögliche Quellen der Pandemie. Deswegen spielen wir jetzt vor leeren Konzertsälen und in leeren Stadien. Von Fußballspielen bis Rockkonzerten wird nun endlich das lokale Massenpublikum entfernt, das ohnehin schon lange überflüssig war. Das Geld verdienen ja die Musik- und die Sportindustrie mit dem virtuellen, nicht lokalen Massenpublikum.

Es scheint nun, dass die gigantischen Stadien und Opernhäuser die Pharaonengräber der Zukunft sind. Übersteigerte bizarre Architektur-Signaturen, bereits geschaffen im Bewusstsein des Todes der Unterhaltungsformen der Nahgesellschaft, werden sich in Kürze als überflüssig erweisen. Wenn sie denn ohne Publikum bleiben, wenn es nur noch »Geisterspiele« in Stadien und Konzerthäusern gibt, wird man sich fragen, warum man eigentlich solche gigantische leere Spielstätten benötigt.

Wir sind endgültig in die digitale Welt umgezogen. Als ich in den 90er-Jahren für virtuelle Welten und Online-Kommunikation votierte, stand ich auf verlorenem Posten. Meine erste Ausstellung im ZKM 1999 hieß *net_condition* und trug den Untertitel *Kunst/Politik im Online-Universum*. Ich war damals ein einsamer Rufer in der Wüste des Realen. Heute ist diese Wüste überbevölkert. Die Kultureinrichtungen überschlagen und überbieten sich mit digitalen Initiativen. Bund und Länder, die bisher wenig, kaum oder gar keine Mittel für die Digitalisierung der Museen bereitstellten und diesbezügliche Gesuche abwiesen, bieten nun von sich aus finanzielle Unterstützungen für digitale Extensionen an. Aufgrund der Corona-Krise ist plötzlich notwendig und wünschenswert geworden, was bisher unmöglich schien. Der Auszug der Kultur ins Netz und auf Online-Plattformen ist nun unausweichlich und irreversibel. Die Kultur und auch die Gesellschaft sind nun endgültig in der digitalen Welt angekommen.

Die neue Zeit hat begonnen

Man kann also behaupten, dass eine Lehre des Virus darin besteht, uns mit Gewalt und Macht in das digitale Zeitalter zu schieben. Keine Produktions- und keine Rezeptionsformen werden davon unberührt bleiben. Der konstante Aufruf »Nicht näher kommen!« ziert auf prognostische Weise das Eingangsportal zur Ferngesellschaft.

In den 1980er-Jahren haben wir mit dem Personal Computer und in den 1990er-Jahren mit dem Internet bereits jene Technologien entwickelt, die das Leben der nonlokalen Massen in virtuellen Welten ermöglichten. Die gesamten Online-Dienstleistungen, die Bestellung von Waren bis zu Gesundheitskontrollen, haben bereits Wege aufgezeigt, wie der Körperkontakt vermieden werden kann.

Man muss nicht mehr ins Kino gehen, um Filme zu sehen, sondern kann sie zu Hause streamen. Man geht nicht mehr in Buchhandlungen, um Bücher zu erwerben, sondern lässt sie sich per Post liefern. Es gibt E-Commerce und E-Banking – alles virtuelle, nonlokale, körperlose Kommunikation und Transaktion.

Aus dem lokal gebundenen Massenpublikum im realen physischen Raum wird im nonlokalen, dezentralen, verteilten virtuellen Raum der Teletechnologie eine Versammlung von Individuen, aus der Agglutination wird eine Assoziation. Aus der naturschädigenden und damit auch menschenschädigenden exzessiven materiellen Mobilität wird nach der Trennung von Bote und Botschaft eine immaterielle virtuelle Mobilität. Der Verkehrsfluss wird zum Zeichenfluss. Wir fahren, fahren, fahren nicht nur auf der Autobahn, sondern senden Signale auf dem elektronischen Highway. Die Kultur wird zu einem Online-Paradies. Das Virus zwingt durch seine Viralität die Kultur zu einer Migration in virtuelle Welten – ein wichtiger Schritt für die Steigerung der Abstraktions- und Symbolisierungskraft des Menschen, das heißt für die Evolution.

Im Augenblick werden wir durch das Corona-Virus, das Monster der Nahgesellschaft, gezwungen, die schon lange vorhandenen digitalen Technologien zu nutzen, den Widerstand gegen sie, vor allem im Kulturbetrieb, aufzugeben, und, entschiedener und schneller als gedacht, gezwungen, unsere analoge Gesellschaft in eine digitale auszubauen. Insofern erscheint die Ferngesellschaft am Horizont als eine aufgehende Sonne und die Nahgesellschaft als eine niedergehende Sonne. Welche grundlegenden Folgen das für viele Industriezweige der Massenmobilität, von der Autoindustrie, der Verkehrs- und Transportindustrie, dem Massenkonsum, der Massentierhaltung bis zum Massentourismus und der Freizeitindustrie, langfristig haben wird, ist die zentrale Frage. Diese Folgen zu meistern und menschlich zu gestalten bzw. zu lösen, werden die kommenden Aufgaben nach der Corona-Krise sein. Die Lösung der Corona-Krise ist die eine Aufgabe, aber die Lösung der Probleme nach ihr und die Lösung der Probleme, die zu ihr führten, ist die zweite, noch viel größere Aufgabe.

Alle bisher angesichts der Corona-Krise vorgebrachten Argumente und Perspektiven der Kapitalismuskritik, der Disziplinargesellschaft, der Biopolitik etc. haben ihre Berechtigung, aber sie verfehlen die eigentliche strukturelle soziale Transformation, die uns unvermeidlich bevorsteht. Das Corona-Virus ist der unheimliche Bote, der den Wandel von der (körper- und maschinenbasierten analogen globalen) Nahgesellschaft in eine (signal- und medienbasierte digitale globale) Ferngesellschaft verkündet.

Mit der weltweiten Verbreitung des Corona-Virus erleben wir, wie dem Globalisierungsballon die Luft ausgeht, denn alle Räder stehen still – nicht etwa wegen des starken Arms der Arbeiter, wie Georg Herwegh 1863 in einer Hymne noch behauptete, sondern die winzigen Arme eines Virus bringen alles zum Stehen und Erliegen. Dieses Virus zwingt uns, den Krieg des Menschen gegen die Natur einzustellen, zumindest erzwingt es einen Waffenstillstand.

In dieser Zäsur haben wir die Chance für grundlegende Reformen unserer wirt-

ESSAY

schaftlichen, sozialen und kulturellen Systeme. Was bisher unmöglich schien, ist nun unvermeidlich. Unsere Welt wird eine andere sein.

© *Peter Weibel, Erstveröffentlichung des Textes in der Neuen Zürcher Zeitung vom 20. März 2020*

PETER WEIBEL, geboren 1944 in Odessa und aufgewachsen in Österreich, studierte in Paris Französisch, Film und französische Literatur, anschießend 1964 in Wien Medizin und Mathematik mit Schwerpunkt Logik. Peter Weibel ist Künstler, Ausstellungskurator, Kunst- und Medientheoretiker. Sein Werk, das sich in die Kategorien der Konzeptkunst, Performance, des Experimentalfilms, der Video- und Computerkunst fassen lässt, macht ihn zu einer zentralen Figur der europäischen Medienkunst. Ab 1979 lehrte er an zahlreichen Hochschulen, unter anderem an der Universität für angewandte Kunst in Wien. Von 1984 bis 1989 war er Leiter des Digital Arts Laboratory am Media Department der New York University in Buffalo. 1989 gründete er dann das Institut für Neue Medien an der Städelschule in Frankfurt am Main, das er bis 1995 leitete. Seit 1999 ist Peter Weibel künstlerisch-wissenschaftlicher Vorsitzender des ZKM | Zentrum für Kunst und Medien Karlsruhe und seit 2017 Direktor des Peter Weibel Forschungsinstituts für digitale Kulturen an der Universität für angewandte Kunst Wien. **www.peter-weibel.at**

Rezensionen

Eva Horn/Hannes Bergthaler: Anthropozän zur Einführung

Junius-Verlag, Hamburg 2019, 256 S., 15,90 €

Seit Ende der 1970er Jahre steht der Junius-Verlag in der Regel für exzellente Einführungen in Philosophie, Soziologie und Politikwissenschaften. Großen Erkenntniswert in Geschichte und Aktualität der Debatte um das Anthropozän bietet dann auch der vorliegenden Band von Eva Horn und Hannes Bergthaler. »Das Anthropozän bringt eine tiefgreifende ökologische Diagnose auf den Begriff: Der Mensch hat das gesamte Erdsystem so gravierend verändert, dass wir von einer neuen erdgeschichtlichen Epoche ausgehen müssen.« Karl Marx konstatierte, dass Produktivkräfte umschlagen können in Destruktivkräfte, wenn der Profit als alleiniger Maßstab der Ökonomie gilt. Die beschleunigte Industrialisierung wurde dann auch begleitet von einem Fortschrittsbegriff, dessen negative Kehrseite seit Jahrzehnten, spätestens seit dem legendären Club of Rome wissenschaftlich diskutiert und sinnlich erfahrbar ist: Klimawandel ist das Stichwort. Artenschwund, Versauerung der Meere, Versteppung, Waldsterben und Mikroplastik sind globale Erscheinungen, die deutlich machen: ein neues Denken ist gefragt, gerade nach der Pandemie. »Das Anthropozän ist nicht einfach eine Krise, die irgendwann wieder vorbeigeht, sondern ein Bruch; ein Bruch mit den ungewöhnlich stabilen ökologischen Verhältnissen des Holozäns: Umweltbedingungen, in denen alles entstanden ist, was wir als menschliche Zivilisation kennen, Sesshaftigkeit, Ackerbau, Städte, Handel, komplexe soziale Institutionen, Werkzeuge und Maschinen, aber auch die Schriftkultur und alle anderen Medien zur Speicherung, Weitergabe und Vernetzung von Wissen.« (S. 10) Nach dem Holozän, der Wiege unserer Zivilisation, folgte das Anthropozän als Epoche mit dystopischen Perspektiven für Politik, Ökologie und das Bewusstsein »auf einem beschädigten Planeten zu leben«. Daraus ergeben sich Fragen: Was ist Natur, wenn sie wesentlich von Menschen beeinflusst ist? Was ist Kultur, was der Mensch? Die Wissenssysteme werden sich ändern müssen, wenn die Negativität des Anthropozäns überwunden werden soll. Die Einführung, die erste in deutscher Sprache, »nimmt die Herausforderungen des Anthropozäns von der Seite der Kultur- und Geisteswissenschaften in den Blick.«

(S. 15) In drei umfangreichen Kapiteln – Stratigraphien, Metamorphismen, Verwerfungen – wird nach den Konsequenzen für die Wissenschaft gefragt und das impliziert die Notwendigkeit, eine erweiterte Perspektive für Natur- und Geisteswissenschaften zu entwerfen. Dies gilt auch für den Blick zurück, den Beginn des Anthropozäns. Plausibel erscheint der Ansatz, die Moderne parallel zu setzen und den Prozess der Industrialisierung seit der 2. Hälfte des 18. Jahrhunderts als einen Epochenwandel anzusehen. Begleitet wird diese mit den ersten umfangreichen Veränderungen der Umwelt, beispielsweise durch die Kohle, und einen ökonomisch motivierten Kolonialismus. Damit beginnen auch Kultur und Natur sich zu verändern, der Mensch selbst wird zu einer »geologischen Kraft«. Komplex sind die Konsequenzen für Ökologie und Wissenschaften, die im Einzelnen skizziert werden und die deutlich machen, wie sich die Prämissen von Theorie und Praxis ändern müssen. Das gilt auch für das künstlerische Handeln und für die Ästhetik. (S. 117–138): »Sie hat zu fragen, was es eigentlich heißen könnte, sich dem Befund des Anthropozäns in der *Form* ästhetischer Darstellung zu stellen.« (S. 118) Nicht nur dafür kann diese Einführung die Grundlage sein, gerade auch in der Reflexion der Pandemie, denn mit »dem Anthropozän stellt sich die fundamentale Frage, auf welcher Basis politische Gemeinschaften überhaupt existieren. Es geht um nicht weniger als eine neue Art des *In-der-Welt-Seins*.« (S. 27)

Hansgeorg Schmidt-Bergmann

Andreas Reckwitz: Das Ende der Illusionen. Politik, Ökonomie und Kultur in der Spätmoderne

Suhrkamp Verlag, Berlin 2019, 305 S., 18,00 €

Seit der Untersuchung *Die Gesellschaften der Singularitäten. Zum Strukturwandel der Moderne* (2017) gehört der in Berlin lehrende Andreas Reckwitz zu den führenden deutschsprachigen Soziologen. Dies in einem mehrfachen Sinne. Die Theorie der gesellschaftlichen Entwicklung in einer global immer komplexer werdenden Realität bedarf eines theoretischen Instrumentariums, das es erlaubt, die Gesellschaft und die Verfassung des Subjekts gleichermaßen auf den Begriff zu bringen. Was die Untersuchungen von Andreas Reckwitz auszeichnet, ist nicht nur, dass ihm das theoretisch gelingt, sondern dass er seine Analysen in einer Sprache transportiert, die für eine breite Leserschaft verständlich ist. Nicht nur die hohen Auflagen seiner Bücher zeigen das, sondern auch, dass seine Begriffe Eingang gefunden haben in die Diskurse, gerade auch der kulturellen, wie eben der der Singularität: »Singularisierung heißt: Was das Leben ausmacht, soll nicht standardisiert und ‚von der Stange' sein, sondern einzigartig, besonders und authentisch – die Wohnung ebenso wie der Freundeskreis, der Beruf ebenso wie die Schule für die Kinder oder das Reiseziel.« (S. 93) Es sind die »widersprüchlichen Strukturen« der Gegenwartsgesellschaft, die thematisiert werden. »Eindeutige Bewertungen und einfache Lösungen sind daher nicht zu erwarten.« Wir leben und erleben einen historischen Strukturwandel, der sich noch beschleunigen wird nach der Pandemie. Was Reckwitz beschreibt, ist unsere gesellschaftliche Organisation und Befindlichkeit unmittelbar vor der Krise. Gerade darum sind seine Analysen so wesentlich, denn sie sind es, an denen wir die kommenden Veränderungen nicht nur messen können, sie geben Hinweise darauf, welche Werte sich durchsetzen sollten im weiteren Prozess der Spätmoderne: »Der Ausgangspunkt für meine Perspektive auf die Gegenwartsgesellschaft lautet, dass wir einen tiefgreifenden gesellschaftlichen Strukturwandel erleben, in dessen Verlauf sich in den letzten dreißig Jahren die klassische, die *industrielle Moderne*, in eine neue Form der Moderne verwandelt, die ich *Spätmoderne* nenne.« (S. 17) Ausgehend von seiner Untersuchung *Die Gesellschaften der Singularitäten* sind in dem vorliegenden Band Studien enthalten, die einzelne Aspekte seiner »Theorie der Spätmoderne« zuspitzen sollen: »Dabei geht es um die politische, die ökonomische und die kulturelle Dimension gleichermaßen.« (S. 16) In Abgrenzung zu der historisch gewordenen Industriegesellschaft zeichnet sich die Spätmoderne durch einen radikalen Wandel der sozialen Klassen aus. Dieser geht nur vordergründig einher mit einem »Kampf der Kulturen«, wie Samuel P. Huntington es in den 1990er Jahren auf den Begriff gebracht hat. Denn dieser ist nicht allein auf die verschiedenen globalen Modelle von Ideologie und Religionen zu beziehen, sondern vollzieht sich innerhalb einer Gesellschaft, hier der deutschen oder der »westlichen« – »aber im Unterschied zu Huntington sollte man in dieser Auseinandersetzung keinen simplen Kampf der Kulturen, sondern etwas anderes sehen: einen Konflikt um die Kultur.« (S. 30) Das meint die Auseinandersetzung darüber, was Kultur überhaupt bedeutet und wie sich die nach »Selbstentfaltung strebenden Individuen« diese aneignen. Die vier folgenden Abschnitte gelten dem Prozess von der »nivellierten Mittelstandsgesellschaft« zur aktuellen »Drei Klassen-Gesellschaft«, dem heutigen »kognitiv-kulturellen Kapitalismus«, der »erschöpften Selbstverwirklichung« und dem »spätmodernen Individuum« und der »Krise des Liberalismus«. Diese Studien bilden einen weiteren wichtigen Schritt zu einer Theorie des Spätmoderne. Der letzte Absatz der Untersuchung enthält in sich keine Prophetie, sondern ist bereits traurige Realität – und sollte den Übergang bilden für den Spätkapitalismus nach der Pandemie: »Die Potenzierung ökologischer Probleme, welche die industrielle und postindustrielle Lebensweise mit sich bringt und die im Klimawandel kulminieren, wird drittens schließlich unwiederbringlich das Modell einer Gesellschaftsentwicklung bedeuten, welche eine Steigerung materiellen Wohlstands in eine unendliche Zukunft als Normalfall annahm. Der klassische Begriff des Fortschritts, der uns seit der Aufklärung als Maßstab der politischen und gesellschaftlichen Entwicklung dient, bedarf im 21. Jahrhundert selbst eine Revision.«

Hansgeorg Schmidt-Bergmann

Maja Göpel: Unsere Welt neu denken. Eine Einladung

Ullstein Verlag, Berlin 2020, 208 S., 17,99 €

Die Welt befindet sich in einer globalen Krise, deren Kronzeugen die Folgen des Klimawandels und zunehmende soziale Ungerechtigkeit sind. Diese Krise ist menschengemacht. Warum? Maja Göpel schreibt in ihrem Buch *Unsere Welt neu denken. Eine Einladung*, dass wir in einer Scheinwelt leben, die auf Gesetzmäßigkeiten und Sichtweisen zurückgeht, die längst ihre Berechtigung verloren haben: »Während der Menschheit lange sehr viel Planet für wenig Mensch gegenüberstand, gibt es heute für immer mehr Menschen immer weniger Planet«. Doch wir leben und wirtschaften so, als wäre unsere Welt immer noch »leer«.

Maja Göpel – Politökonomin, Nachhaltigkeitswissenschaftlerin und Generalsekretärin des Wissenschaftlichen Beirats der Bundesregierung Globale Umweltveränderungen – verhandelt in ihrem Buch nichts Geringeres als die Zukunft der Menschheit, und nimmt dafür die historische Bedingtheit der Gegenwart unter die Lupe. Als bekennende Humanistin ist Göpel überzeugt von der Wirkmächtigkeit des Wissens, Informierens und Reflektierens als wichtigste Voraussetzung für Veränderungen in der Realität. Denn Theorien, verstanden als wissenschaftliche Denkresultate, gehen nicht nur Akademiker*innen etwas an, so Göpel, sondern bestimmen den Blick auf die Welt und damit das Handeln aller Menschen. In dieser Hinsicht legt die Autorin in zehn Kapiteln Theorien offen, die unseren Blick auf die Welt bestimmen. In der Konfrontation mit der »neuen Realität« entlarvt sie diese als überholt und zugleich als keineswegs alternativlos.

So ist es beispielsweise katastrophal, in einer »vollen Welt« unser Wirtschaftssystem weiterhin nach den Bedürfnissen eines homo oeconomicus auszurichten. Dieses 250 Jahre alte, wissenschaftlich längst widerlegte Konzept, das den Menschen als Egoisten denkt, »der in jeder Situation darauf bedacht ist, kühl den eigenen Vorteil zu kalkulieren«, bestimmt jedoch die ökonomischen Theorien der heutigen Wirtschaftswissenschaften. Allerdings: »Niemand wird als homo oeconomicus geboren«. Wenn man jedoch Menschen, »in einem System aufwachen lässt, in dem ständig belohnt wird, sich wie ein homo oeconomicus zu verhalten«, dann werden die sozialen Eigenschaften des Menschen, »wie Altruismus, die Fähigkeit zu teilen und Warmherzigkeit unterdrückt«. Hier schließt sich der Kreis: Theorie wird Praxis. Unsere Sichtweisen bestimmen unser Handeln.

Göpels Einladung die Welt neu zu denken will möglichst viele Leser*innen ansprechen. Den Einstieg in die jeweiligen Kapitel gestaltet sie über eingängige Beispiele, anhand derer die Probleme der neoliberalen Welt schnell sichtbar werden. Durch Wiederholungen, Zwischenfragen an die Leser*innen – »Wie klingt das für Sie?« – und durch ein je prägnantes Resümee am Ende der Kapitel wirkt Göpels Argumentation überzeugend. Das letzte Kapitel *Denken und Handeln* könnte als ein Versuch verstanden werden, dann doch noch die Brücke zum Handeln zu schlagen. Jedoch bleibt sie auch hier im Denken verhaftet und gibt psychologische Tipps, um sich nach der inspirierenden Lektüre nicht vom sogenannten »fiesen Montag« entmutigen zu lassen. Göpels Buch lässt sich als Plädoyer für ein zukunftsorientiertes Denken lesen. Dieses versteht sie als Grundvoraussetzung für ein verantwortliches und zukunftsorientiertes Handeln im Sinne des Gemeinwohls.

Nicole Hallschmid

Jonathan Franzen: Wann hören wir auf, uns etwas vorzumachen?

Übersetzt aus dem amerikanischen Englisch von Bettina Abarbanell, Rowohlt Verlag, Reinbek bei Hamburg 2020, 64 S., 8,00 €

Der US-amerikanische Autor Jonathan Franzen genießt seit seinem Weltseller *Die Korrekturen* (2002) hierzulande große Aufmerksamkeit. Ein enormes Echo erfuhren außerhalb seiner englischsprachigen Leserschaft auch sein Roman *Freiheit* (2010) und zuletzt sein Essayband *Das Ende vom Ende der Welt* (2019). Dabei sind Globalisierung, Klimawandel, Natur- und Umweltschutz Themenbereiche, mit denen sich Franzen, dessen ornithologische Leidenschaft bekannt ist, seit langem in verschiedenen Facetten auseinandersetzt.

Im Juni 2019 wird Franzen Zeuge des damaligen Waldbrandes in Brandenburg. Zurück in den USA, schreibt er den nun auf Deutsch vorliegenden Essay, nicht zuletzt auch als Antwort auf Fragen seiner zwei vorhergehenden Aufsätze zum Klimaschutz im *New Yorker* (2015) und im *Guardian* (2017), die Franzen heftige Reaktionen insbesondere der Klimaschützer eingebracht haben: »Angesichts der Trostlosigkeit unserer Lage schien mir die Frage der Hoffnung […] entscheidend zu sein, und für echte Hoffnung sind Ehrlichkeit und Liebe die Bedingung.«

Für Franzen gehört es zur Ehrlichkeit, sich einzugestehen, dass der Klimawandel nicht aufzuhalten ist. In den letzten drei, vier Jahrzehnten, seit der Klimawandel in aller Munde sei, sei global zu wenig gegen ihn unternommen worden. Denjenigen, die mit allen Mitteln und unter hohen Kosten die Erderwärmung aufzuhalten gedenken, hält er entgegen, sie würden an »unrealistische[n] Hoffnungen« festhalten, die für die »Rettung regelrecht schädlich sein« können: »Dem Klimawandel den totalen Krieg zu erklären war nur sinnvoll, solange er sich noch gewinnen ließ. Sobald wir akzeptieren, dass er bereits verloren ist, gewinnen andersgeartete Maßnahmen an Bedeutung.«

Franzens desillusionierende Sicht auf die Möglichkeiten, die Erderwärmung zu stoppen, will er nicht als Resignation und er selbst sich nicht als Leugner des Klimawandels (miss-)verstanden wissen, weshalb er schon einleitend den Kafka-Satz »Es gibt unendlich viel Hoffnung, nur nicht für uns« um- und weiterschreibt: »Es gibt keine Hoffnung, außer für uns«. Angesichts der gigantischen Aufgabe, den Klimawandel aufzuhalten, gelte es jedoch »das Richtige« zu tun: »Alles, was wir jetzt an Gutem tun, ist womöglich eine Absicherung gegen die heißere Zukunft, aber das wirklich Bedeutsame daran scheint mir, dass es *heute* gut ist.« So etwa der Einsatz für Natur- und Umweltschutz und

für bedrohte Tierarten oder gegen »die Hassmaschinen der sozialen Medien«. Franzen negiert nicht, dass es sinnvoll und notwendig ist, sich gegen den Klimawandel stemmen, im Gegenteil: Er schärft den Blick für das Beziehungsgeflecht, der damit einhergeht. Vielleicht lesen wir Franzens Plädoyer in Zeiten von Corona anders als noch vor einigen Monaten, insbesondere dann, wenn wir auch viele Mahnungen des Präsidenten des Robert Koch-Instituts, Lothar Wieler, seit Jahren ernstnehmen, wonach viele Infektionskrankheiten beim Menschen tierischen Ursprungs seien, da es immer engeren Kontakt zu toxischen Tieren gebe. Auch das eine Folge globaler Entwicklungen? Auch wenn man die wissenschaftlich nicht gestützte Sicht von Franzen nicht teilen mag, lohnt es sich, wenn man mit und durch seinen kurzen Essay monokausale Problemlösungen noch mehr hinterfragt.

Anton Philipp Knittel

Yuval Noah Harari: 21 Lektionen für das 21. Jahrhundert

C. H. Beck Verlag, 4. Auflage, München 2020, 528 S., 14,95 €

»Leider gewährt die Geschichte keinen Rabatt«, postuliert Yuval Noah Harari im Vorwort von *21 Lektionen für das 21. Jahrhundert*. Bereits hier lässt sich vermuten, dass auch dieses Buch nicht müde wird, den Appell ‚Informieren und Diskutieren' hochzuhalten. Seine Mission, »ein wenig Klarheit zu verschaffen und damit einen

Beitrag dazu leisten, das globale Spielfeld etwas einzuebnen«, spiegelt sich bereits in dem einfach strukturierten und sachlichen Aufbau: Fünf Abschnitte, unterteilt in drei bis fünf Unterkapitel, thematisieren Technologie, Politik, Religion sowie Kunst und Gesellschaft. Kurz gesagt: Harari versucht eine Porträtaufnahme der Gegenwart zu erstellen. Dies scheint nur folgerichtig, nachdem der Militärhistoriker in seinem ersten Buch *Kurze Geschichte der Menschheit* die Vergangenheit und in seinem zweiten Buch *Homo Deus* die Zukunft betrachtete. Die im Zentrum stehenden Fragen wie »Wofür steht der Aufstieg von Donald Trump? Wie sollen wir mit der seuchenartigen Ausbreitung von Fake News umgehen? Warum steckt die liberale Demokratie in der Krise? Ist Gott wieder da?« sind nicht nur Fragen der Leserschaft von Yuval Noah Harari, sondern die einer verunsicherten Gesellschaft. Nach den Antworten auf jene Fragen lechzen wir alle – also ein gutes Verkaufsargument! Etwas enttäuschend stellt sich dann jedoch heraus, dass nur wenig neue Antworten gegeben werden und die 21 Lektionen recycelte Aufsätze und Forschungen der vergangenen Jahre sind: Themen wie die Rolle des Arbeitens, Big Data, Post Truth, künstliche Intelligenz, Terrorismus und vegane Ernährung werden zur Analyse herbeigezogen. Das ist definitiv interessant und lesenswert, sei es zur Reflexion der eigenen Lebenspraxis, aber eben nicht neu. Als zentrale Herausforderungen der Gesellschaft macht Harari auf der einen Seite die technologischen und auf der anderen Seite die politischen Entwicklungen fest. Seine Betrachtungen stützen sich hierbei auf die Ermüdung der »liberalen Erzählung«, bedingt durch Zuwanderung, Religion, Nationalismus und Weiteres sowie die Ängste gegenüber Bio- und Informationstechnologien. Er gibt einen fundierten Überblick zu populären Diskursen und bietet eine Zusammenfassung der dringendsten Fragen. Schlussendlich spricht er alle Themen an, die in den Köpfen der Gesellschaft zirkulieren, von Rassismus über Identität bis hin zur Wahrnehmung äußerer Einflüsse. Er bleibt dabei sehr vorsichtig, stellenweise zu distanziert und kurzgefasst – der Klarheit zuliebe?

Laura Englert

Eugene Thacker: Im Staub dieses Planeten. Horror der Philosophie

Matthes & Seitz Verlag, Berlin 2020, 250 S., 24,00 €

Der Mensch sieht sich als dominant auf diesem Planeten. Und tatsächlich: Der Mensch bestimmt ein neues Zeitalter. Er wird den Planeten unwiderruflich verän-

dern. Die Klimakatastrophe ist real, am Ende droht die Auslöschung. Ein Planet ohne Menschen. In seiner philosophischen Schrift *Im Staub dieses Planeten. Horror der Philosophie* widmet sich Eugene Thacker dieser »Welt-ohne-uns«. Eine Welt, in der Absonderungen, thermische Veränderungen und Staub relevanter sind als alle vermeintlich ewigen Errungenschaften des Menschen. Doch auch Eugene Thacker bleibt Mensch und stellt die grundlegende Frage in den Mittelpunkt, wie in der hiesigen »Welt-für-uns« überhaupt über eine ferne »Welt-ohne-uns« nachgedacht werden kann. Eine Frage, die auf alte Erkenntnismethoden der Philosophie und Theologie verweist, für Eugene Thacker aber auch über moderne Medien beantwortet werden kann. Über Horrorfilm, Horrorliteratur, Horrorcomics und den Black Metal.
Es hat seinen Witz, wenn Eugene Thacker scholastische Argumentationskategorien wie »quaestiones«, »lectiones«, »disputationes« Produkten der Popkultur wie den Film *Blob – Schrecken ohne Namen* (1958) gegenübergestellt – aber auch seine Schlüssigkeit. Es bedeutet, über einen kategorienübergreifenden Ansatz das kategorienlose Ahumane zu erfassen. Auch wird deutlich: Ob philoso-

phische, religiöse, mystische, selbst dämonologische Ansätze – alle stoßen an eine Grenze, wenn es um das denkbar Undenkbare geht. Erst der Horror mit seiner grenzenlosen Faszination für das Erleben unmenschlicher Dinge öffnet Türen, gar unsichtbare Portale. Dass sich dahinter Zweifel verbergen, vermag Eugene Thacker im Geiste Schopenhauers als Erkenntnis zu werten. Ein Beispiel: »Horror [ist] ein Ausdruck der Logik der Inkommensurabilität zwischen dem Leben und den Lebenden.« Lebende Tote jedenfalls findet man in der Philosophie selten, eher noch in der Bibel. Mit seinem breiten Kulturpanorama zeigt *Im Staub dieses Planeten* erstaunliche Parallelen zwischen unterschiedlichen menschlichen Produkten. Nichts macht den Menschen gleicher vor sich selbst als das Nichts, der Tod, die Auslöschung. Am Ende steht die Frage nach einer Mystik des Unmenschlichen und die bleibt für Eugene Thacker eine, die nicht mehr theologisch, sondern »in letzter Instanz klimatologisch« ist. Mit uns die Sintflut.

Fabian Lutz

Daniel Falb: Geospekulationen.

Merve Verlag, Berlin 2019, 344 S., 22,00 €

Dass die Menschheit sich selbst eine Bedrohung ist, war nie deutlicher spürbar als zum gegenwärtigen Zeitpunkt. Verknappte Ressourcen, die Gefährdung durch den anthropogenen Klimawandel und die derzeitige Pandemie be-

zeugen dies. Wissenschaftler gehen davon aus, dass die sechste »mass extinction« der Erdgeschichte anthropogen verursacht sein wird. Vor dem Hintergrund der Belastungsgrenzen der Erde, deren Überschreiten das Ökosystem und so die Lebensgrundlage der Menschheit gefährdet, expliziert der Philosoph Daniel Falb, dass die Spezies Mensch bislang praktisch keinerlei Erfahrung mit »ökologisch orientiertem« Handeln habe. Als Folge des exponentiellen Wachstums des anthropogenen Einflusses seit der neolithischen Revolution wird der Mensch in der geochronologischen Epoche des Anthropozän zum maßgeblichen Faktor, der die biologischen, geologischen und atmosphärischen Prozesse der Erde beeinflusst und so ihre Gestalt verändert. In Anbetracht der Grenzen, die das System Erde im Anthropozän erreicht hat, muss laut Falb der Blick geweitet werden, da diese Problematik die zeitliche Dimension eines Lebens bei weitem überschreite. Seine Betrachtung erstreckt sich daher von der Menschwerdung bis zum Ende unseres Sonnensystems. Falb postuliert die Notwendigkeit eines interdisziplinären Vorgehens, ausgehend von der Geologie bis hin zum kulturwissenschaftlichen, künstlerischen und philosophischen Diskurs unter Miteinbezug der Noosphäre, die als zwingende Ergänzung diene, um die Gestalt der Gegenwartserde begreifen zu können. Die Betrachtung zweier Dimensionen ist für Falb dabei maßgeblich: zum einen die zunehmend absehbare Endlichkeit der Erde als kosmologisches und geologisches Objekt, ausgehend von der Annahme, dass die Erde in den empirischen Wissenschaften nur als metaphysisches Objekt erfasst werden kann, und zum anderen das Phänomen der Globalisierung, das die Erde zunehmend verkleinert und so auch an ihre physischen Grenzen stoßen lässt. Daraus resultiere auch die Notwendigkeit einer geophilosophischen Metaphysik. Bei seinen »Geospekulationen« setzt sich Falb mit den Implikationen der Millennium-Simulation genauso auseinander wie mit kreationistischen Theorien, und stellt in der Tradition der Kant'schen Kritik der Metaphysik die Frage nach einer transgenerationalen Anthropozän Governance.

Diana Freidinger

Heinrich Detering: Menschen im Weltgarten.

Wallstein Verlag, Göttingen 2020, 464 S., 36,90 €

Als der schwedische Naturforscher Carl von Linné am 26. Januar 1734 in der Bergwerksstadt Falun die Unterwelt betritt, erlebt er dies zugleich als wissenschaftliche Expedition und als Einstieg in die Hölle. Die giftigen Dämpfe verschlagen ihm den Atem, sie beeinträchtigen die Gesundheit der Menschen und verheeren die Umwelt. Linné ist bekannt als Autor des *Systema naturæ*, in dem er das Naturreich nüchtern klassifiziert hat. Dass seine poetischen Reiseberichte weithin unbekannt sind, ist symptomatisch für die Geschichte, der Heinrich Detering in seiner Untersuchung nachgeht. Denn die Einheit von Dichtung und Naturforschung war dem 18. Jahrhundert noch ganz vertraut, während sie um 1800 abhandenkam. Detering vollzieht die wissenschaftlich-poetische Doppelbelichtung der überraschenden Texte.

Doch mehr noch als eine Literaturgeschichte des 18. Jahrhunderts ist dies ein Versuch über die Entwicklung des ökologischen Denkens im Wechselspiel zwischen Literatur und Wissenschaft. Detering folgt dazu einem Denkweg, der das Jahrhundert von der Aufklärung bis zur Romantik durchzieht. Die Harmonie zwischen Mensch und Natur, die etwa Albrecht von Haller in den Alpen beschreibt, ist in diesen Texten fragil, und die anthropogene Katastrophengefahr lauert stets. Haller preist die Alpen, weil sie keine Bodenschätze haben, also auch gegen die Gier des Menschen gefeit sind. Der Reichtum Perus hingegen bedeutet das gemeinsame Verderben von Mensch und Natur. Der Hamburger Barthold Heinrich Brockes, der dichterisch das perfekte »Uhrwerk« der Schöpfung preist, stellt sich dennoch mächtige Zerstörungswerke vor, und der Physiker Lichtenberg treibt seine Gedankenexperimente in den *Sudelbüchern* bis hin zur möglichen Zerstörung der ganzen Welt durch den Menschen. Von hier führt Detering den Ökologie-Diskurs avant la lettre über Goethe, Novalis und von Arnim zu Alexander von Humboldt fort. Das Buch lebt von der Abwechslung: Versenkung in die Texte, dann wieder Überblick aus luftiger Höhe. Bei Goethe funktioniert das zunächst noch, wenn es um die *Metamorphose der Pflanzen* geht, im Kapitel über den *Faust II* jedoch kommt die Orientierung in den Textmassen abhanden, der Blick tastet unwillkürlich dem Ausgang zu. Detering spannt einen vielstimmigen und poetischen Gedankengang von Hallers Alpen-Gedicht zu Goethes Alpen-Vision in den *Wanderjahren*, von Linnés »Höllenfahrt« in die Bergwerke von Falun zu Novalis' und von Arnims »romantisirten« Bergmanns-Gedichten.

Humboldt endlich bezieht sich in seinem Werk ausdrücklich nicht nur auf Goethe, sondern auch auf Brockes und Haller zurück, und schließt damit den Kreis. Aber Humboldt ist es auch, dessen Texte, indem sie die früher selbstverständliche »Personalunion von Dichter und Wissenschaftler« verteidigen, auf deren Ende hinweisen. Das dichterische Subjekt und die Naturwissenschaft sind in Zukunft nicht mehr vereinbar. Im Modus der modernen Wissenschaft beobachtet der Mensch die Natur als etwas von ihm Separates und entfremdet sich als Subjekt damit von ihr. Humboldt scheint schon zu wissen, dass die Naturwissenschaft sich nicht mehr zurückbesinnen wird auf ihre alte Dichtungstradition. Aber dass er mit seiner »dichterischen Naturbeschreibung« nicht nur der letzte Sprössling eines langen Gedankenganges ist, sondern einmal als ein Gründungsvater der Ökologie gelten wird, das ist das offene Ende dieser Geschichte.

Hans-Christian Riechers

Daniel Falb: Orchidee und Technofossil. Gedichte

kookbooks, Berlin 2019, 80 S., 19,90 €

Bei aller Vielfalt und Unübersichtlichkeit der aktuellen Lyrik kann man doch zwei Tendenzen beobachten: die kreative Hinwendung zum gesprochenen Wort, Stichwort Poetry Slam, und die engagierte Auseinandersetzung mit den diversen Wissenschaften und Wissensgebieten. Beide Tendenzen berühren sich im neuesten Gedichtband *Orchidee und Technofossil* von Daniel Falb; es ist mittlerweile sein vierter Gedichtband, nach *die räumung dieser*

parks (2003), *Bancor* (2010) und *CEK* (2015). Als Gottfried Benn 1951 die *Probleme der Lyrik* benannte, wollte er sowohl eine Bilanz der expressionistischen Lyrik ziehen als auch eine poetologische Schneise in die Zukunft schlagen. Die Sprache, die dem modernen lyrischen Ich zur Verfügung stehe, ist nicht mehr nur die ihrer Vorgänger und der Tradition, sondern umfasst ebenso gut »Slang-Ausdrücke« wie »Fremdworte« oder »Zitate«. Dieses Ich lernt »mehr aus Zeitungen«, so Benn, »als aus Philosophien«. Und heutzutage lernt das lyrische Ich eben aus dem Internet, aus dem weltweiten Netz der Informationen, möchte ich mit Blick auf Daniel Falb ergänzen.

Gleich in seinem ersten Poem (Falb schreibt konsequent »Paem«, vielleicht um die amerikanische Aussprache zu markieren, vielleicht als Referenz an eine Band gleichen Namens?) konfrontiert Falb uns mit der Existenz des »Svalbard Global Seed Vault«, eines internationalen Projekts, um alle möglichen Arten des Saatguts tod-sicher, gleichsam für ewig, aufzubewahren, so dass im Katastrophenfall darauf zurückgegriffen werden könne. Dieses ökologische Projekt, das auf die herrschende Monopolisierung und Reduktion des Saatguts antwortet, parallelisiert Falb mit dem des kulturellen Sprachensterbens. In der Inhaltsübersicht heißt es: »Svalbard Paem / in dem der Saatentresor von Svalbard auf Spitzbergen, als ultimatives Backup aller Saatgutbibliotheken auf der Erde, mit dem Archiv für Stimmen der Dichtung lyrikline. org überblendet wird, um das Gemeinsame des agrikulturellen Artensterbens und des gegenwärtigen Sprachensterbens herauszustellen.« (S. 6) Und im Poem? »Es geht um die Sprache, aber es geht um das Leben, / und insofern um, irgendwie so, den intimsten Punkt / des Anthropischen Prinzips […] und wenn deine Existenz sozusagen / textualistisch ist, wie das in gewissem Sinne hier behauptet wird – Paem ist dein Leben –, äh, / […] in der das extramentale Apriori spielt, und / eben insbesondere – sagt man dann quasi – in den / Etymologien, jetzt in dem Fall, / der Foodbegriffe.« (S. 24 f.)

Das zweite Poem ist *Kanker Quartett* überschrieben und thematisiert den »global ungleich verteilten Zugang zu medizinischen Versorgungsleistungen speziell im Fall Krebstherapie« (S. 6). So ernst wiederum das Thema, so humoristisch, so »launicht« die Behandlung, so grotesk und kabarettistisch gelegentlich die Darbietung, wozu der Text animiert: »[…] und dann sich ne Raucherlunge zeigt zB / auch ganz grau im Brustkorb / und ahmmm *fff* ja / hhh zB auch so dann *Plastik* und so kulturelle Abfälle / wenn nur nen Magen öffnet / das ist so diese Vorstellung dass a ahm diese / wiederkehrende Vorstellung einfach dass / son Blumenstrauß oder irgendsowas total *Kratziges* / direkt im Fleisch eigentlich eingeschlossen is' […]« (S. 34) Aber die Stilformen und Tonlagen wechseln häufig, nicht nur von Poem zu Poem, auch innerhalb der einzelnen Teile; es gibt Sequenzen, in denen technizistische Formeln und Versatzstücke dominieren, andernorts wird der Sprachfluss von Nummern und Codes unterbrochen, dann wieder werden scheinbar neutrale Informationen gegeben. Insgesamt ergibt sich so eine irritierende Uneinheitlichkeit, die sich auch im grafischen Erscheinungsbild spiegelt, und die durchaus der Fülle und dem Gewicht der Themen entspricht. Im abschließenden *Geber-Quartett* wird die Schuldenfrage und damit die Abhängigkeit der Dritten Welt diskutiert: »Ökologische Schulden gibt es nur, wo es Leute gibt, die / wissen, dass sie Gläubiger sind, und in der Lage, / die Schulden einzutreiben. Sonst fließen Ökoschulden / wie ein Wasserrinnsal gluckernd durch die Spalten / und Schründe einer abgelegenen Felswand […]« (S. 130) Das Anliegen, das man hinter der mal nüchternen, mal albernen, mal sarkastischen Maske erkennen kann, ist ein moralisches: die Empörung über die globale Ungerechtigkeit. Lyrik in Zeiten gesellschaftlicher Schamlosigkeit. In seiner eigenen Rezitation des ersten Poems, des *Svalbard Paem*, die auf lyrikline.org zu hören ist, hat Daniel Falb einen verführerischen Sound gefunden, seine Stimme lädt ein, ihm zu folgen, sie ist »ein sanftes verlies«, wie es im *lock lied* heißt, mit dem 1957 Hans Magnus Enzensberger *die verteidigung der wölfe* eingeleitet hatte.

Franz Schwarzbauer

Ludwig Fischer: Natur im Sinn

Matthes & Seitz Verlag, Berlin 2019, 352 S., 30,00 €

Das Interesse an Natur schlug sich in den vergangenen Jahren in einer Vielzahl an Titeln nieder wie zuvor die populären Sachbuchreihen über den Körper. Bestseller über Bienen und Bäume säumten die Auslagen der Büchereien, die Klimabewegung erlebte mit den Fridays for Future einen Boom, die jungen Menschen streikten, strebten nach dem Leben, das nicht auf Ausbeutung von Ressourcen, gleich jeder Form, beruht. Eine literarische Produktionsform, die unablässig ihrer Intention folgend, im Interesse einer solchen Bewegung agiert, ist das Nature Writing. Der englische Begriff besitzt keine deutsche Entsprechung und hat seine Ursprünge in der angloamerikanischen Literatur. Der Literaturwissenschaftler und Gartenliebhaber Ludwig Fischer folgt der sprachlichen Liaison zwischen dem Menschen und der Begegnung mit Natur. Dabei erklärt er vor allem, was Nature Writing ist: »kein literarisches Genre, keine Gattung oder Textsorte, sondern

ein Begriff für Werke, die eine genaue Erkundung von Natur und Landschaft auf literarisch anspruchsvolle Weise vergegenwärtigen«. Fischer geht dem in 33 Thesen nach. Seine programmatische Schrift führt zurück ins 19. Jahrhundert, zu Alexander von Humboldts Naturbeobachtungen, zu Henry David Thoreaus *Walden* sowie in der deutschsprachigen Literatur unserer Zeit zu Helmut Schreiers Buch *Bäume. Streifzug durch eine unbekannte Welt*, welches er als eindrücklichstes Beispiel für zeitgenössisches Nature Writing anführt. Dazwischen finden sich Fragmente seines eigenen Schreibens, Beobachtungen, Versuche – Fischer nennt sie Exerzitien. Sie handeln zum größten Teil von eigenen Naturbeobachtungen. Zudem finden sich ganze Seiten gefüllt mit Schwarz-Weiß-Fotos, die ebenfalls von ihm stammen. Der Leser begleitet Fischer auf seinen Wanderungen über Moore, durch Priele, Gewässer und Wälder, anhand der – was Fischer wiederum wesentlich für Nature Writing nennt – authentischen und damit autobiografischen Darstellungen, die sich im Buch eröffnen. Hin und wieder ein kurzer Exkurs zu Autoren, Pflanzen, dem Resultat menschlichen Wirkens in der Natur, dem meist bitter eine metaphorische Leerstelle dort folgt, wo der Mensch das Natürliche künstlich herzustellen versucht. Dennoch klagt das Buch nicht direkt über menschliche Verfehlungen. Es duldet den Rhododendronbusch anfangs und gegen Ende im Buch in und außerhalb der Gärten. Das Buch lässt Zustände erahnen, welche die Beschäftigung mit Nature Writing ohnehin nicht verheimlichen will.

Nicole Bengeser

Marion Poschmann: Nimbus. Gedichte

Suhrkamp Verlag, Berlin 2020, 115 S., 22,00 €

»Genügsam, lautlos. War ich denn jemals so –«, so heißt es im Gedicht *Farnfraktal* in Marion Poschmanns Lyrikband *Nimbus*. Damit klingt an, in welchem thematischen Raum sich die Leserschaft in dem Gedichtband bewegt. In neun Kapiteln hangeln sich die Lesenden mitunter von Begegnungen mit Tieren zu Stadtschamanen und Bäumen der Erkenntnis, erstaunt über sibirische Landschaften, die sich in einer mystischen Waldwelt zwischen Schnee und Eis eröffnen. Doch schwingt stets etwas Bedrohliches in den Worten des lyrischen Ichs mit, verbreitet eine latent angespannte Atmosphäre, denn auf die idyllische Natur folgt sogleich der Mensch. In Poschmanns Lyrik spiegelt sich die An- und Abwesenheit des Naturkosmos durch und aufgrund des Menschen, sodass nicht nur die Tradition der Naturlyrik fortgeführt, sondern in moderner, wenn auch bitterer Form weiterentwickelt wird. Der Mensch ist längst primärer Einflussfaktor der Natur geworden; die Timeline des Anthropozän schlängelt sich durch Grüntöne, Schatten und Düfte, sodass sich einzigartige Natur- und Menschengewalten die lyrische Bühne teilen. Dafür variiert Poschmann die Gedichte in Form und Aufbau, arbeitet verstärkt mit Enjambements, offenen, aber auch klassischen Strophenformationen.

Die Sprache der Autorin, deren Roman *Die Kieferninseln* 2019 auf der Shortlist des Deutschen Buchpreises stand, bewegt sich im lyrischen Schaffen zwischen stark individuell (»es war dein Versuch, Gefühle / durch Stoffmuster auszudrücken«, S. 24) oder großflächig allgemein (»Die Landschaft in Teile zersägen. / Dem Eis bei der Arbeit zusehen:«, S. 14). Besonders präsent treten aus dem Gedichtband die 15 Dioramen *Die große nordische Expedition* in Sonettform hervor. Die sprachlichen Schaukästen entführen in Modelllandschaften zwischen Farbnuancen, Schlaf und Birkenlaub. Die Lektüre, eine wunderbare Reise, besonders in einer Zeit, in der Mensch seine Mobilität schmerzlich einbüßt. Dabei ist Poschmanns Lyrik stets auch mahnend: Dunkle Wolken, wie sich der Titel des Bands übersetzen lässt, kündigen sich an und lassen die Gefahr hinter der Doppelfunktion des Menschen als scheinheiliger Verehrer und Zerstörer der Natur erahnen.

Stefanie Schweizer

Thore D. Hansen: Die Reinsten. Roman

Golkonda Verlag, München, Berlin 2019, 424 S., 22,00 €

Mit *Die Reinsten* schließt Thore D. Hansen einen Wissenschaftsroman der besonderen Art an mehrere, erfolgreiche Polit-Thriller an. Der studierte Soziologe und Politikwissenschaftler, der als Wirtschaftsjournalist begann und auf die Analyse von sozio-politischen Vorgängen, wie Kriege und die Arbeit von Geheimdiensten, spezialisiert ist, konzentriert sich in seinem neuen Roman gänzlich auf die Zukunft der Erde und ihre Bewohner.

Die Geschichte beginnt im Jahr 2191. Auf einer von Katastrophen gezeichneten Erde hat die Menschheit einen Weg gefunden, weiter zu existieren: Sie nennen es Paradise – ein geografischer Raum und eine gesellschaftliche Ordnung zugleich. Die Kontrolle über diese Welt besitzt die künstliche Intelligenz Askit, mit der eine große Gruppe an Menschen, die sogenannten Reinsten, über Implantate verbunden ist. Ihnen wird von Askit die Aufgabe übertragen, sich gänzlich dem primären Ziel, das Fortbestehen der Erde und den Wiederaufbau der Natur, zu widmen und dafür alle anderen Bedürfnisse zurückzustellen. Besondere Kontrollen und psychologische Scans durch Askit stellen die Anpassung jedes Einzelnen an diese homogene Form der Gesellschaft sicher. Menschen, die sich der Ordnung widersetzen, werden aus Paradise verstoßen und leben in den klimatisch schwer bewohnbaren Regionen der Erde.

Auch Eve Legrand ist Teil dieser Welt. Als eine Reinste der jungen Generation arbeitet sie für den Klimaschutz und hat nach Askits Berechnungen in Thyron den perfekten Lebenspartner gefunden. Obwohl sich die künstliche Intelligenz gerade auf sie besonders zu konzentrieren scheint und ihre Arbeit stetig lobt, wird sie auf aus Paradise verbannt. Für sie beginnt eine Reise in unbekannte Gefilde, in denen sie die Menschen trifft, die sie von Kindheit an immer nur aus Erzählungen über Kolonisten, Degradierte und Gründer kannte. Nach und nach lernt sie andere Sichtweisen kennen und muss sich bald ihrem Schicksal stellen, als sie erfährt, dass die Zukunft der Erde in ihrer Hand liegt. Was für sie folgt, ist ein Dilemma, in dem sie ihre Persönlichkeit neu ordnen muss. Dabei ist sie hin- und hergerissen zwischen moralischen, pragmatischen, logischen und emotionalen Instanzen, wissend, dass die Zeit drängt, bevor Askit oder das Klima die Erde vernichtet.

Hansen ist ein Roman gelungen, der einen Einblick in ein mögliches Zukunftsszenario unserer Welt gibt. Basierend auf dem Wissensstand von heute entwickelt er detailliert und schockie-

rend zugleich eine Gesellschaft der Zukunft, in der sich Leser*innen immer wieder an heutige Vorgänge erinnert fühlen. Fazit: Das Schicksal der Erde lässt sich eben nicht einfach besiegeln.

Prisca Klass

Susanne Wedlich: Das Buch vom Schleim. Naturkunden

Matthes & Seitz Verlag, Berlin 2019, 287 S., 34,00 €

Kaum ein Kontrast könnte größer sein: Der Genuss, das Buch mit seinem zart grün-weißen Leineneinband in die Hand zu nehmen und der Ekel, den das Thema Schleim oft hervorruft. Dabei ist schon die Definition schwer. Ist es ein Stoff, einfach nur festes Wasser oder mehr eine Eigenschaft? Eines ist sicher: Schleim ist überall. Im Menschen, auf der Oberfläche der Meere als dünne Haut und sogar in der Wüste. Es gibt zudem kaum ein Lebewesen, das nicht Schleim nutzt, wie als Schutzbarriere gegen Mikroben, zur Fortpflanzung oder zum Beutefang. Schnecken, Schleimaal, Insekten und eben auch der Mensch. Es ist das Lebenselixier, das Leben erst möglich macht.

Susanne Wedlich bleibt in ihrem Buch nicht nur in der wissenschaftlichen Welt. Als Appetithappen serviert sie Anekdoten, historische Exkurse und fiktive Schleimgeschichten wie den Gespenster-Glibber aus dem Kultfilm *Ghostbusters* oder die schleimigen

Kreaturen aus den Erzählungen von H. P. Lovecraft.

Ihre Neugier steckt an, wenn sie danach sucht, was Schleim ist oder bedeutet. So vermuteten Forscher im 19. Jahrhundert in der Tiefsee so etwas wie den Urschleim gefunden zu haben. Leider erwies sich die These als falsch. Dennoch, Wedlich ist es die Mühe wert, und sie stöbert in einem Museum in Glasgow ein Glasfläschchen mit eingetrockneten Resten auf. Sie findet auch die Geschichte von Anna Thynne, die als erste herausfand, wie Wasserwesen in einem Glaskasten am Leben gehalten werden können. Sie ließ das Wasser immer wieder belüften. Jetzt endlich konnten die Tiere der Unterwasserwelt, die Forscher aus dem Meer fischten, in einem Aquarium auch von anderen lebend beobachtet werden. Auch wenn Susanne Wedlich oft etwas weit vom Thema abschweift, erzeugt sie ein Gefühl für die damalige Zeit, wenn sie vom Hype der viktorianischen Gesellschaft auf Farn berichtet als Zeichen umgreifender Forscherfreude oder die Arbeitsbedingungen schildert, mit denen Nacktschnecken als Wagenschmiere eingesetzt wurden. Kaum ein Gebiet der Schleimforschung lässt Wedlich aus, die Quantenphysik erwähnt sie, ebenso wie mögliche Schleime im Weltall und auch eine Ekelforscherin kommt zu Wort, die soziale Konventionen analysiert. Ästhetisch ansprechend lockern die zahlreichen farblich passenden Illustrationen von Michael Rosenlehner das Buch zudem auf. Es ist ein umfassendes und faszinierendes Werk über den Glibber auf der Welt, den sie amüsant präsentiert.

Katja Maria Engel

Peter Wohlleben: Das geheime Band zwischen Mensch und Natur

Ludwig Verlag, München 2019, 240 S., 22,00 €

Schlendern wir unter einem dichten, grünen Blätterdach durch den Wald, vorbei an alten Baumriesen, ja dann fühlen wir uns wohl und geborgen. Doch ist das alles bloßer Eskapismus, verbunden mit einer romantischen Naturvorstellung oder hat der Wald wirklich einen positiven Einfluss auf unsere Gesundheit? Peter Wohlleben gibt darauf eine klare Antwort: »Das alte Band zwischen Mensch und Natur ist intakt!« Der 56-jährige ehemalige Förster und Leiter einer Waldakademie in der Eifel setzt sich für eine ökologische wie ökonomisch nachhaltige Waldwirtschaft ein und stieß mit seinem Buch *Das geheime Leben der Bäume* auf ein großes mediales Interesse. Seine aktuelle Veröffentlichung *Das geheime Band zwischen Mensch und Natur* beschäftigt sich mit dem ambivalenten Zusammenspiel von Mensch und Natur sowie dessen widersprüchliche Naturwahrnehmung, die so oft zwischen Konsumdenken und Umweltschutz schwankt. So werden Pflanzen vom fühlenden Lebewesen zum bloßen Rohstofflieferanten degradiert. Wohlleben übt daher in seinen Ausführungen auch an der deutschen Forstwirtschaft Kritik. Nicht erst in Zeiten der Pandemie zieht es wieder mehr Menschen hinaus in die Natur und damit auch in die Wälder. Der anhaltende Trend des »Waldbadens« nahm bereits in den vergangenen Jahren stetig zu und wird in Japan sogar von Ärzten als Therapie verordnet. Tatsächlich haben Wälder positive Auswirkungen auf unsere Gesundheit. Dies liege einerseits an der beruhigenden Wirkung der Farbe Grün und andererseits an der Kommunikation zwischen den Bäumen untereinander, schreibt Wohlleben. Wenn Bäume zum Schutz vor Angreifern miteinander kommunizieren und Abwehrstoffe (Phytonzide) absondern, komme dies unserem Kreislauf und Immunsystem zugute und könne sogar den Blutdruck senken. »Deutschlands Nationalförster«,

wie Denis Scheck Wohlleben im ARD-Literaturformat *Druckfrisch* einst betitelte, nimmt den Leser mit auf einen literarischen Waldspaziergang und schärft dessen sieben Sinne. Er zeigt, dass wir beispielsweise Früchte besser riechen können als Hunde. Außerdem werfen wir einen Blick in die »Naturapotheke« des Waldes und erfahren zusätzlich, dass sich Waldbesucher vor einem Wildschweinangriff ebenso selten fürchten müssen, wie vor dem »bösen« Wolf oder einem Haiangriff beim nächsten Strandurlaub.

Durch einen anschaulichen und leicht zugänglichen Erzählstil vermittelt Wohlleben faszinierende Einblicke in die Natur, die er auch mithilfe von Gesprächen mit Kollegen, Wissenschaftlern, »Waldbesetzern« im Hambacher Forst und auf seinen Reisen zu »Old Tjikko« im schwedischen Nationalpark Fulufjället oder den kanadischen Ureinwohnern des Kwiakah-Stammes gewinnen konnte.

Den besonderen Charme macht die Begeisterung Wohllebens aus, die aus jeder Seite strömt und zum Nach- und Umdenken im Umgang mit der Natur einlädt. Der Leser staunt und freut sich auf den nächsten Waldspaziergang.

Sebastian Kopf

Sibylle Berg: GRM. Brainfuck

Roman, Kiepenheuer & Witsch Verlag, Köln 2019, 640 S., 25,00 €

Äußerlich haftet dem roten Buch die Aura eines zukünftigen Vermächtnisses an. Es ist schwer und macht schwermütig. Nur böser

Sarkasmus kann der Leserin bzw. dem Leser ein Lächeln abringen. Ort der Handlung: Rochdale und London. Zeit der Handlung: Zukunft – vielleicht. Protagonist*innen: Vier Kinder und noch ein paar andere Figuren – manche wichtig, manche unwichtig für die Handlung. Wirkungen: Brainfuck.

Auf diese steckbriefartige Weise lernen wir fast alle Figuren der Handlung kennen. Die Kinder Don, Karen, Hannah und Peter gehören der Unterschicht an und ihr Leben (wenn man es denn so nennen mag) ist geprägt von Missbrauch, Vergewaltigung, Angst und Einsamkeit. Sie haben nur sich. Auf die Erwachsenen oder besser gesagt ihre Erziehungsberechtigten ist fucking nochmal kein Verlass. Sie beschließen Rochdale und der Welt den Rücken zu kehren, um in London neu anzufangen, befreit von Endgeräten.

Die Autorin Sibylle Berg überzeugt in ihrer Dystopie durch ihre imposante Sprache. Mit einer zornigen, um sich schlagenden Sprachgewalt schafft es die Autorin 634 Seiten lang, konstant ein Gefühl der Hilflosigkeit, des Ekels und der Ohnmacht

aufrecht zu erhalten. Das gelingt ihr mit beeindruckenden sprachlichen Bildern, beispielsweise, wenn ihre erzählende Instanz die abgehängten Sozialhilfeempfänger als »Fleischausschuss« bezeichnet.
Es sind Erwähnungen von Apps wie Tinder, Serien wie *Black Mirror* und der versierte Umgang mit technischen Begriffen, die dem Buch eine erschreckende Gegenwärtigkeit verleihen. Der Roman offenbart eine Welt, die unsere Gegenwart konsequent weiterdenkt.
Trotz des inhaltlichen Gewichtes und aller sprachlichen Härte lockern syntaktische Spiele, die an Filmschnitttechniken erinnern, die Geschichte auf, indem sie Lesererwartungen brechen. Essayistische Ausflüge des manchmal personalen, manchmal auktorialen Erzählers, die sich mit anthropologischen, philosophischen, soziologischen, politischen, ethischen und auch ganz praktischen Themen befassen, regen zum Nachdenken an. Für ihr Werk erhielt die Autorin unter anderem 2019 den Schweizer Buchpreis, den Grand Prix Literatur für ihr Gesamtwerk (2020), den Bertolt-Brecht-Literaturpreis und den Johann Peter Hebel Preis (beide 2020). Es ist kein Buch, das in Krisenzeiten Hoffnung gibt, aber ein Buch, das als Reflexion der heutigen Zeit und als Warnung gelesen werden sollte.

Katharina Oberkalkofen

James Lovelock: Novozän. Das kommende Zeitalter der Hyperintelligenz

C.H.Beck Verlag, München 2020, 160 S., 18,00 €

James Lovelock, britischer Naturwissenschaftler, Erfinder und Ingenieur, evoziert mit seinem Buch *Novozän* eine Zukunft, die das Zeitalter der Menschen, das Anthropozän, ablösen wird. In seiner utopischen Zukunftsvision werden mit der Zeit organische Lebewesen durch hyperintelligente Cyborgs ersetzt.
Doch das Novozän könnte sogar schon angebrochen sein, denn künstliche Intelligenzen sind bereits in der Lage, sich der menschlichen Kontrolle zu entziehen und eigenständig zu lernen. Das klingt erst einmal beängstigend, aber James Lovelock geht davon aus, dass die Cyborgs uns Menschen brauchen, zumindest für eine gewisse Zeit. Die intelligenten Maschinen werden sich also nicht eines Tages erheben und die Menschen unterwerfen, wie es in einschlägigen Sci-Fi-Filmen gerne dargestellt wird.
Zwar sind sie in allem effizienter und schneller als organische Lebewesen, aber sie brauchen Hilfe, um den Planeten Erde zu retten. Hier offenbart sich die wahre Gefahr für das Anthropozän, nämlich der Klimawandel.
Als Erfinder der Gaia-Hypothese stehen für James Lovelock vor allem der Schutz des Klimas und damit auch die Rettung Gaias, also der Erde und ihrer Biosphäre, im Vordergrund. Dazu sind ihm auch die Cyborgs recht, denn sie sind extrem intelligent und werden das natürliche Bestreben haben, ihren eigenen Lebensraum zu bewahren. Das Buch bietet Stoff zur Diskussion und macht besonders deutlich, wie wichtig der Klimaschutz für unser eigenes Überleben ist. Selbst für Laien mit rudimentären Kenntnissen im naturwissenschaftlichen Bereich sind die Theorien verständlich beschrieben.
Wer auf einen klaren Blick auf die Zukunft mit wissenschaftlichen Verweisen hofft, wird enttäuscht. In diesem Buch präsentiert James Lovelock eigene Visionen und spektakuläre Thesen über die Entwicklung der Zukunft.

Sophie Wolf

kurzform

Den **Ludwig-Börne-Preis 2020** erhält **Christoph Ransmayr**. In diesem Jahr vergab Bundespräsident Frank-Walter Steinmeier den mit 20.000 Euro dotierten Preis. Er würdigte die »genaue Weltbeobachtung und tiefe Menschlichkeit« des österreichischen Schriftstellers und Essayisten. »In Zeiten geprägt von Uneinigkeit und Abgrenzungen hält er auf emphatisch-aufklärerische Weise das Einende hoch. Weder Nation, noch Konfession, noch Stand, noch Geschlecht sind es, die für ihn zählen, sondern allein die Gleichheit der Menschen und das Geheimnis der Existenz«, so der Bundespräsident in seiner Begründung. Ransmayr ist bekannt für seine Romane, darunter *Die letzte Welt* (1988), *Der fliegende Berg* (2006) und *Cox oder Der Lauf der Zeit* (2016) und seine Essayistik und Reisereportagen.

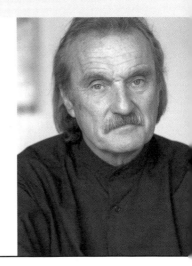

Der mit 20.000 Euro dotierte **Adenauer-Preis 2020** geht an den Münchner Schriftsteller **Hans Pleschinski**. Er wird für seine Erzählungen, Übersetzungen und Brief- und Tagebuch-Editionen aus dem Zeitalters Voltaires ausgezeichnet, in denen er »eine zivilisierte Gesprächskultur« verlebendige, so in der Begründung der Jury.

Der Berliner Schriftsteller **Marcus Braun** erhält den **Wolfgang-Koeppen-Preis** für Literatur der Stadt Greifswald für 2020. Wegen der Corona-Pandemie soll die Verleihung im Juni 2021 stattfinden. Die Auszeichnung ist mit 5.000 Euro dotiert. Traditionell schlägt der vorangegangene Preisträger den neuen vor. Braun erhält den Preis auf Vorschlag von Christoph Peters, dem Preisträger von 2018.

Die **Göttinger Lichtenberg-Poetikdozentur 2020** übernahm der Schriftsteller und FAZ-Redakteur **Dietmar Dath**. »Gesprochen wird«, so kündigte Dath seine Göttinger Poetikvorlesungen an, »über ein Schreiben, das sehr verschiedene literarische Formen ernstnehmen will, auch solche, denen man die Anerkennung als Literatur noch verweigert. Die beiden Vorlesungen unter dem Titel *Stehsatz* fanden am 29. und 30. Januar 2020 in der Aula der Universität am Wilhelmsplatz statt.

Cemile Sahin wurde für ihren Roman *Taxi* (2019) und für ihre visuellen Arbeiten mit der **Alfred-Döblin-Medaille 2020** ausgezeichnet. Der Preis ist mit 5.000 Euro dotiert und mit einem bis zu vierwöchigen Aufenthalt in der Villa Vigoni am Comer See verbunden. In ihrem Debütroman gelinge es der 1990 geborenen Autorin »für die Last der Erinnerung und ihrer Verarbeitung eine bezwingende und ganz gegenwärtige Form zu finden. Es geht um das Existentielle: Auch wenn der Krieg zu Ende ist, verheert er die Gehirne und die Empfindungen«, so die Jury.

Der **Hörbuchpreis 2020** ging an den Schauspieler **Matthias Matschke** und die Sprecherin **Sascha Maria Icks**. Mit dem **Sonderpreis des Deutschen Hörbuchpreises 2020** wurde der Schauspieler und Sprecher **Axel Milberg** für sein langjähriges und herausragendes Hörbuch-Schaffen geehrt. Der Verein Deutscher Hörbuchpreis e.V. zeichnet mit dem Sonderpreis seit 2012 alle zwei Jahre eine Persönlichkeit aus, die das Hörbuch in einer wichtigen Weise geprägt hat. »Mit Enthusiasmus, Emotion und dem Einsatz unzähliger stimmlicher Facetten, erobert Axel Milberg die Vielschichtigkeit in den Charakteren bis ins kleinste Detail«, so die Begründung der Jury. Die Ehrung fand innerhalb der festlichen Verleihung des 18. Deutschen Hörbuchpreises am 10. März 2020 im Kölner WDR-Funkhaus am Wallrafplatz statt.

Nora Bossong erhält den mit 25.000 dotierten **Thomas-Mann-Preis 2020** der Hansestadt Lübeck und der Bayerischen Akademie der Schönen Künste. Die Schriftstellerin habe Romane verfasst, so die Jury, »die in schmerzhaft relevante Problemfelder unserer Gegenwart führen – und sich zugleich durch große sprachliche Virtuosität auszeichnen«. Zuletzt erschien ihr Roman *Schutzzone* (2019). Der Preis soll am 12. November im Theater in Lübeck verliehen werden. Die Laudatio wird Sandra Kegel, die Leiterin des Feuilletons der *FAZ*, halten.

Jackie Thomae wird mit dem **Düsseldorfer Literaturpreis 2020**, den die Kunst- und Kulturstiftung der Stadtsparkasse Düsseldorf zum 19. Mal vergibt, für ihren Roman *Brüder* (2019) ausgezeichnet. Er enthalte »ein Plädoyer: Für die Freiheit des Individuums, selbst zu entscheiden, wie und in welchem Maß Herkunft und Hautfarbe seinen Lebensweg bestimmen«, so die Literaturkritikerin Ursula März für die Jury. Der Preis ist mit 20.000 Euro dotiert.

Jochen Schimmang wird mit dem in diesem Jahr erstmals verliehenen **Walter Kempowski Preis für biografische Literatur** des Landes Niedersachsen ausgezeichnet. Seit 40 Jahren schreibt er Romane, Essays, Erzählungen und Hörspiele. 1979 publizierte er sein Debüt *Der schöne Vogel Phönix*, das die Jury als »Schlüsselwerk der Neuen Subjektivität« bezeichnet. *Adorno wohnt hier nicht mehr* (2019) ist seine jüngste Erzählung. Der mit 20.000 Euro dotierte Preis soll am 11. Dezember 2020 in der Universität Hildesheim überreicht werden. Die Auszeichnung umfasst eine Lesereise durch niedersächsische Literaturhäuser.

Levin Westermann erhält den mit 10.000 Euro dotierten **Clemens-Brentano-Preis 2020** für Literatur der Stadt Heidelberg für seinen Lyrikband *bezüglich der schatten* (2019). Er ist der »Lyriker der Stunde«, sagt Christine Lötscher, Jury-Mitglied. Seine postapokalyptischen Texte handeln von »einer Welt, in der der Mensch nicht mehr im Mittelpunkt steht«.

Der **Heinrich-von-Kleist-Preis 2020** wurde an den Grazer Schriftsteller **Clemens J. Setz** vergeben. Der mit 20.000 Euro dotierte Preis soll am 22. November im Deutschen Theater in Berlin verliehen werden. Die Literaturkritikerin Daniela Strigl, die als Vertrauensperson der Jury der Heinrich-von-Kleist-Gesellschaft wirkte, hat den Preisträger bestimmt. Clemens J. Setz sei, so begründet sie ihre Wahl, ein »literarischer Extremist im besten Sinne, ein Erzähler und Dramatiker, der seine Leser mit anarchischer Fantasie und maliziöser Fröhlichkeit stets aufs Neue verblüfft.«